Heinz Körber

Wieviel Spannung braucht der Mensch

Heinz Körber

Wieviel Spannung braucht der Mensch?

Auf der Suche nach Herausforderung

Wirtschaftsverlag Langen-Müller/Herbig

F. A. Herbig Verlagsbuchhandlung GmbH, München

Schutzumschlag: Christel Aumann, München
Satz: Fotosatz Völkl, Germering
Druck: Jos. C. Huber KG, Dießen
Binden: Thomas Buchbinderei, Augsburg
Printed in Germany
ISBN: 3-7844-7230-3

Inhalt

Nichts ist dem Menschen unerträglicher als völlige Untätigkeit, als ohne Leidenschaften, Geschäfte, Zerstreuungen, ohne Aufgaben zu sein.

(B. Pascal)

Grenzsituationen erfahren und existieren – ist dasselbe.

(K. Jaspers)

Zustände erhöhter Aufmerksamkeit

Das reiz-volle Dasein

Reize, Spannungsmomente, Erlebnisse – das sind die Bausteine unseres Lebensflusses.

Bestimmte Reize lösen seelische Spannungszustände aus, eine Aufeinanderfolge solcher Spannungsmomente empfinden wir als Erlebnis. Zuerst zu den Reizen: Reiz bedeutet Verlockung, Reiz wird von etwas ausgestrahlt, wenn wir entzückt sind, wenn wir uns von etwas stark in seinen Bann gezogen fühlen.

Für den Seelenkundler sind Reize Auslöser von Sinnesempfindungen, kleinste, nicht mehr unterteilbare Inhalte unserer Wahrnehmungen, Atome unserer Erlebniswelt.

Sie können von außen kommen (Umwelt), aber auch aus dem eigenen Inneren (Organimpulse, Ideen, Phantasiekonstrukte). Die Außenweltreize gleichen Botschaften, die an den entsprechenden Empfangsstationen (Nervensystem, Gehirn) in Eindrücke der subjektiven Empfindungssphäre umgewandelt werden.

Da der Mensch seit jeher ein emsiger Erfahrungssammler ist, möchte er möglichst viele verschiedene Reize empfangen und umsetzen lernen. Gleichsam als Training für Lebenserhaltung und Lebensgestaltung. So ist er ein ganzes Dasein lang um Stimulierung bemüht (lateinisch: stimulus = Reiz), stets interessieren ihn diverse Beschäftigungen, andauernd sucht er nach neuen Entfaltungsmöglichkeiten.

Wie die Wirkung einzelner Signale und Situationen von Mensch zu Mensch verschieden ist, so vielfältig ist auch das, was sich der einzelne vorstellt bzw. wünscht, um ange-turnt zu werden. Der eine empfindet absolut gar nichts, wobei ein anderer vor Entzücken und Begeisterung beinahe von Sinnen ist – der andere wiederum gähnt, wenn der eine vor Aufregung durchdreht. So weitgestreut ist der individuelle Reiz-Geschmack, und dennoch gibt es für bestimmte Gruppen recht charakteristische Beschreibungen dessen, was auf sie den größten Reizeffekt hat. Beim modernen Menschen, zum Beispiel, geht die stärkste Anziehungskraft von Schlagwörtern wie Neuartigkeit, Überraschung, Farbigkeit, Sensation und ähnlichem aus.

Als Gegenteil ist all das zu bezeichnen, was des Reizes (der Reize) entbehrt: Was keine Attraktion darstellt, was keinerlei Interesse hervorruft, was einen völlig unbeteiligt und kalt läßt, kommt in einen Topf mit der Aufschrift: reizlos.

Die Lust nach und an Reizen, der Appetit auf bestimmte Erlebnisse, das ist Veranlagungs- und Charaktersache, wobei persönliches Temperament und Aufgeschlossenheit die wesentlichen Rollen spielen.

Eines muß uns aber klar sein: Unabhängig vom Angebot an Impulsen kann sich der einzelne den Einflüssen mehr oder weniger verschließen, was nichts anderes bedeutet, als daß die Empfangsantennen teilweise oder ganz eingefahren werden – eine Lebensweise, die wir beim oft zitierten einsamen Inselbewohner oder bei einem Einsiedler im Extrem vor Augen geführt bekommen.

Die meisten unserer Mitmenschen aber öffnen sich bereitwillig einer Vielzahl von Umweltimpulsen und geben auch ihren Innenreizen weitgehend nach.

Dieses Sich-Öffnen mag von inspirativ-unterhaltsamen Stimmungen bis zu allerstärksten Aufputschmanövern reichen – je nach Veranlagung und momentaner Laune.

Sehen wir uns nun das Gegenteil von beidem an, eine reizlose Umgebung, darin ein zur Lustlosigkeit abgestumpfter Mensch, so bezeichnen wir diesen Zustand mit dem Wort Langeweile, einer Erstarrung von alltäglichen Abläufen. Alles ist geregelt, organisiert, Überraschungen sind nicht möglich. Es triumphieren Routine und graue Monotonie. Unerträglich schleppt sich die Zeit dahin, man fühlt sich als Zaungast des Lebens. Wille und Energie werden langsam aufgefressen.

Verdichtet sich eine solche Stimmung, so übermannt einen Hilflosigkeit und bei oftmaliger Wiederholung schließlich gar eine schwere Depression. Somit erhebt sich für den bewußt und lebensbejahend eingestellten Menschen gar nicht erst die Frage, wie er solch unangenehmen Perioden ausweicht, sondern er stimmt bereits die Programmplanung so weit auf seine Interessen und Neigungen ab, im Rahmen seiner Möglichkeiten wohlgemerkt, daß sein Dasein ihm die größte erreichbare Erfüllung bietet.

Dabei gilt es, die eigenen Fähigkeiten auszubilden und sie nach Gutdünken für bestimmte Aufgaben möglichst nutz- und lustbringend einzusetzen.

Für jeden von uns tickt ja die Lebensuhr.

Jeder Augenblick ist unwiederbringlich.

So fordert jedes Dasein auch sein Recht: Es möchte sich unbedingt genutzt wissen!

Erregung, Aufregung, Anregung

Die drei Begriffe haben eines gemeinsam: Sie beschreiben Reaktionen auf verschiedene Reize.

Erregung und Aufregung: bisweilen recht hochfrequent und brisant,

Anregung: sanfte Schwingungen mit großer Tiefenwirkung.

Zuerst zu den erregten Menschen. Sie vermitteln einen starken mimischen und gestischen Eindruck, sie atmen heftiger und zeigen eine erhöhte Reaktionsbereitschaft.

In Gefahrensituationen ebenso wie im Zuge freudiger Ereignisse sticht einem das überdurchschnittliche Bewegungsquantum ins Auge. Erinnern wir uns z. B. nur an Hilfeschreiende oder Freudentänze Vollführende. Das waren doch Bilder intensiver Bewegungsabläufe. Dabei mußte der unheimliche seelische Druck einfach über die Physis abgelassen werden. Instinkthaft, gleichsam als Reflex, ohne daß es der Betroffene selbst überhaupt wahrgenommen hat!

Ein Flüchtender spürt gar nicht die Tatsache (geschweige denn die Anstrengung) seines Davonlaufens, er rennt ganz selbstverständlich von der Gefahrenquelle weg.

Ein fanatischer Fußballanhänger wird durch ein Tor so sehr mitgerissen, daß er seine (meist völlig unbekannten) Nachbarn stürmisch umarmt und mit ihnen herumspringt.

Sind diese Gipfelerlebnisse nach außen hin bloß durch den Bewegungstaumel charakterisiert, so kommt bei einem infolge einer Bedrohung Erregten noch eine gesteigerte Reaktionsfähigkeit hinzu.

Bei beidem aber, Freuden- und Gefahrenerregung, ist der Ursprung der Gefühlswallung klar festzustellen, jedoch keine bevorzugte Handlungsrichtung. Man sucht keine Entladestation, keinen Blitzableiter.

Anders bei der Aufregung. Hier hat man seinen Zorn auf etwas, Wut brandet gegen jemanden auf, aus Angst schlägt man (oft ganz beliebig) in eine bestimmte Richtung, im Ehrgeiz richtet man sich gegen die Konkurrenz.

Das reflexiv angewandte Zeitwort »sich über etwas aufregen« zeigt ja schon an, daß man die erhaltenen Impulse mit einem starken Kontra zurückweist. Aufregung hat also einen recht aktiven, wenn auch reflektorischen Anstrich. Deshalb ist ein gewisses Maß davon bei Prüfungen und Wettbewerben ganz natürlich und auch leistungsfördernd. (»Dem Lehrer werd ich's heut' schon zeigen, daß ich was kann!«)

Ganz anderer Natur ist die Anregung, die auf einen einströmt. Vergleichbar einem metaphysischen Billardspiel mit ausgewählten Reizen, wo Ursache und Wirkung selten in einen strengen Zusammenhang gebracht werden können und auch nicht sollen.

Gleich zu einem Beispiel: Ein Konzert, danach ein gutes Essen – und dabei ein »angeregtes« Gespräch. Es fällt einem viel mehr dazu ein als unter Tags in einer nüchternen Geschäftsatmosphäre, umzingelt von vielen Terminen. Man genießt die Unterhaltung so richtig, ist inspiriert und gibt dadurch den anderen ebenfalls verschiedene Anstöße. Die nachklingende Musik, die Gaumenfreuden, schon befindet man sich in ausgezeichneter Stimmung, man nimmt Anteil, sieht die Welt von der Sonnenseite und spürt, wie die Entfaltungsmöglichkeiten so manche verschütteten kreativen Kräfte plötzlich freizulegen beginnen.

Dieses Exempel ist stellvertretend für eine große Anzahl gleichwertiger, bei denen jemand durch Kunstgenuß und eine besondere Konstellation von Menschen und Umgebung außerordentlich beflügelt wird.

Ebensolche Wirkungen können aber auch von ganz simplen menschlichen Begegnungen ausgehen und auch von so manchen Glaubenserlebnissen.

Noch kurz ein Seitenblick zu den Naturwissenschaften. Exakt, wie immer, beschreibt die Physik, was sie unter Anregung versteht – nämlich die Anhebung eines Systems aus einem Grundzustand in einen Zustand höherer Energie.

Nehmen wir den Einzelmenschen als Bezugssystem an, so steht es bloß dem »Angeregten« zu, Kräfte aus einem größeren Kraftreservoir zu schöpfen.

Ein Bewußtsein, das ihn sowohl nach außen wie auch nach innen hin stark macht und ihm dadurch seine Selbstbehauptung weitgehend erleichtert.

Wohin mit unserer Energie

Die geistigen und die körperlichen Kräfte sowie die Willenskräfte stellen die Gesamtheit der menschlichen Energie dar. Diese Energie kann in einem sehr breiten Spektrum von Gebieten in Leistung umgesetzt werden.

Entsprechend den eigenen Fähigkeiten und dem Grad an persönlicher Freiheit steht es jedem einzelnen zu, über den Einsatz seiner Kräfte zu verfügen. Und so lenkt er sie auch in jene Kanäle, die ihm sinnvoll erscheinen und ihm ein Höchstmaß an positiven Gefühlen zu bringen versprechen. Selbstverständlich unter gewisser

Rücksichtnahme auf ethische und gesellschaftliche Normen.

Dabei drängt sich einem in der heutigen Zivilisation eine Beobachtung immer stärker auf, nämlich die, daß das Dirigieren des individuellen Kräftepotentials immer mehr zu einem hochtaktischen Prozeß mit ständigen Rationalisierungsmaßnahmen geworden ist. Geringstmöglicher Aufwand soll einem größtmögliche Effekte garantieren.

Eine Einstellung auf dem ganz privaten Sektor der Lebensgestaltung, die ihr Vorbild im Fortschritt der Technik nicht leugnen kann.

Es verlagerte sich doch über die Jahrhunderte hinweg der Kräfteeinsatz immer mehr vom Körperlichen zum Geistigen hin. Und was die Geistesarbeit auf breiter Bevölkerungsebene anlangt, wird sich diese in Zukunft noch mehr auf den Charakter von routinemäßigen Verwaltungs- und Kontrollaufgaben beschränken.

Den Körperkräfte-Überschuß baut seit kurzem weitgehend der Sport ab – und vielleicht noch so manche handwerkliche Betätigung.

Wohin die geistigen Überschüsse fließen, ist schon schwerer allgemein feststellbar. Viele liegen brach, verkümmern teilweise, wandeln sich in Realitätsflucht und oft auch in Aggressionen um. Grund dafür ist eine weitverbreitete Orientierungslosigkeit und eine ziemlich problematische Entschlußschwäche als Folge dieser.

Und damit sind wir auch schon bei der Willenskraft angelangt. Als zielsetzende Institution steht der Wille über beidem – den geistigen und den körperlichen Kräften. Bei allen bewußten Handlungen ruft er ein bestimmtes Quantum an Kräften ab und dosiert sie entsprechend der Aufgabe. Der Wille entscheidet dabei nicht regellos, zufällig und, wie man sich oft fälschlicherweise ausdrückt, völlig frei, sondern er wählt eine Entscheidung aus mehreren Möglichkeiten aus, aufgrund von Faktoren wie Erziehung, Erfahrung, Reizsituation usf. Jede Wahl bedeutet aber unvermeidlich auch den Verzicht auf weitere nicht gewählte Möglichkeiten. Und dies führt uns zu einem besonders schwachen Punkt des modernen Menschen: Zum Nicht-verzichten-Können ...

Verzicht hat in einer Wohlstandsgesellschaft stets den Anstrich von Resignation, von asketischer Entsagung und stempelt einen gleich als skeptischen Sonderling ab.

So ringt man sich schließlich doch zu einem Entschluß durch, hinterfragt aber bald, ob man nicht eine andere Linie hätte einschlagen sollen.

Dieses ständige Zweifeln zermürbt bei oftmaliger Wiederholung und hemmt auf die Dauer die Persönlichkeitsentfaltung.

Der zweite Argumentationspunkt für die erwähnte Orientierungslosigkeit ist das Fehlen einer klar festgelegten Gesellschaftshierarchie (in manchen westlichen Zivilisationsgesellschaften). Man sucht nach den wahren Leitfiguren: Sind es die mächtigsten Staatsoberhäupter, hohe kirchliche Würdenträger, die Erfinder krebsheilender Medikamente, Schauspielgrößen, irgendwelche anonymen Milliardäre, Spitzensportler, fernöstliche Gurus – oder sind es die Helden der Vergangenheit, die Heroen der Literatur und der Geschichte? Wer durch den dichten Medienwald hindurch seine Leitbilder am Horizont wahrnimmt, der ist glücklich zu preisen. Er vermag ihnen nachzueifern, sie geben ihm Begeisterungsfähigkeit, Lebensmut und Hoffnung.

Wem dies nicht gelingt, der findet, so er eher sensitiv

veranlagt ist, mit den Mitmenschen und mit seinem Sozialverband kein leichtes Auskommen.

Ein »Gefühls-Elefant« hingegen ist gewohnt, unbeirrt durch's Leben zu pflügen, indem er sich stets rechtzeitig Betäubung verschafft. Seit Sigmund Freud sind ja er und seinesgleichen zu »Meisterverdrängern« geworden. Ein gegen alles Negative abgeschirmtes Selbstwertgefühl greift rasch zur Ablenkung mittels gefühlspositiver Tätigkeiten – und leitet solchermaßen eine Spontan-Entlastung ein. Zu diesem Zwecke werden oft erstaunliche Energiemengen freigesetzt, die nach Moden und Zeitgeschmack beliebig mal da und mal dort zum Einsatz gelangen.

Dies soll nicht trostlos und mit der Menschenwürde unvereinbar klingen – das Dasein ändert sich doch stets, und je bewußter man lebt, desto mehr ändern sich auch die Perspektiven der Umwelt und damit auch die Sphäre der eigenen Bedürfnisse, Wünsche und Ziele. Und desto eher überwindet man auch die eigene Willensschwäche. Beherzigt man darüber hinaus das Wort vom »menschlichen Irren« und vermag man noch über seine ureigenen Fehler zu schmunzeln, steht einer ausgeglichenen Lebensweise nichts mehr im Wege. Und man kann dabei getrost einige Gedanken über künftige Energie-Investitionen wälzen ...

Spannung – Anspannung

Weil der Bewohner der Industrieländer über einen Energieüberschuß verfügt, den er jederzeit für verlockende Aufgaben und Vergnügungen einzusetzen bereit ist, und andererseits das Zivilisationklima immer reizvoller wird, hat sich die seelische Spannung immer mehr zu einem Kultartikel entwickelt.

Man horcht auf, fühlt sich gleich magisch angezogen von allem, von dem man erwarten darf, daß es einen fesselt.

Wie geht das meistens vor sich?

Ganz unscheinbar entfacht sich ein prinzipielles Interesse an einem Konfliktstoff, an einer Erwartungssituation, plötzlich ist man gefesselt, identifiziert sich damit, nimmt immer stärkeren Anteil daran – und wird schließlich unweigerlich mitgerissen. Bis man in atemloser Selbstvergessenheit die Geschehnisse nur noch durchrast. Bis man zu einem einzigen Sinnenbündel schrumpft, einem Sinnenbündel, dessen Lust an der Angst immer größer wird und dessen Angst sich weiter und weiter zur Lust hochschaukelt. Ganz von selbst. Wer hat sie noch nicht erlebt – diese schaurig-schönen Momente der Hochspannung? Wo Zeit- und Raumgefühl verlorengingen – und man erst im nachhinein langsam wieder zu sich kam? Solche Augenblicke sind selten – und vor allem nicht vorauszuplanen. Dennoch spekuliert (fast) ein jeder, sich möglichst viele dieser Erlebnishöhenflüge zuzuführen, und hält somit stets Ausschau nach passenden Gelegenheiten zum Engagement.

Warum wissen wir so wenig über die Zustände erhöhter Aufmerksamkeit und Anteilnahme?

Weil wir in Perioden hoher Gespanntheit kaum Zeit dafür erübrigen können, uns selbst zu beobachten, und nach Beendigung der Reizflut gänzlich mit dem Ordnen von Gedanken und Gefühlen beschäftigt sind. Bei unseren Mitmenschen können wir sie nur aufgrund von Äußerlichkeiten registrieren, wenn z. B. Schweißausbrüche, heftiges Fußwippen oder Nägelbeißen uns signalisieren, daß die betreffende Person unter Spannung steht. Die wahren Hintergründe und Zusammenhänge sind dabei oft nur vage zu erahnen.

Nun fragen wir uns aber auch, wie es zu den besagten seelischen Schwingungen überhaupt kommt.

Suchen und Erwarten sind instinktive Wesenszüge, die sich bereits sehr früh in der menschlichen Entwicklungsgeschichte herauskristallisiert haben – und damit ist auch schon jeweils ein »gehobener seelischer Status« verbunden. Bezieht man zwei wesentliche Triebphänomene, Selbstsucht und Selbstdarstellung mit ein, so reicht das »Spannungsfeld« schon recht weit in den Sozialverband hinein.

Das Bewußtsein um die eigenen Spannungszustände und das dezidierte Bedürfnis nach Engagement sind Charakteristika, die dem Menschen der Neuzeit anhaften – mit all seiner ausgelebten Neugierde und Abenteuerlust.

Da dem fast ständig vorhandenen Betätigungs- und Erlebnisdrang auch immer weitgehend nachgegeben wird, ist das Leben als Aneinanderreihung von oberhalb eines Ruhepotentials oszillierenden Schwingungen anzusehen, welche bloß von Tiefschlaf-Perioden und wenigen anderen (meist meditativen) Phasen unterbrochen sind.

Eine Unterscheidung dieser Oszillogramme ist durch den Abstand von der Null-Linie und ihren Schwingungsfrequenzen gegeben.

Für ihr Zustandekommen gibt es zwei prinzipielle Möglichkeiten:

– Ein passives Situationen-an-sich-herankommen-Lassen steht einem
– aktiven Sich-um-Anregung Umsehen gegenüber.

Im einen Fall haben Herausforderungen einen kritischen Sichtungsprozeß passiert, im anderen treten Selbstbeschäftigungsmechanismen auf den Plan.

Nun zu einer Begriffsklarstellung:

Unter dem Dachbegriff »Spannung« sind allgemein Zustände zu verstehen, die jedwedes seelische Engagement begleiten. Davon ist jener Teil, der bloß begrenzt dem Willen und der Kontrolle unterliegt, als *»Anspannung«* zu bezeichnen. Dieses Wort ist im Sprachgebrauch mit Passivität verbunden. Infolge von naturgegebenen Belastungen geschieht etwas, wird etwas in uns erzeugt: nämlich ein Zustand erhöhter Konzentration, der sich nicht leicht abschütteln läßt. Die verbleibende Kapazität des Menschen in seinem Erlebnisbedürfnis wird als *»gesuchte«* oder auch als *»bewußt angestrebte Spannung«* betitelt.

Sie ist zwar steuerbar, in ihren Konsequenzen jedoch nicht immer kontrollierbar.

In einem Schema sieht dies folgendermaßen aus:

Anspannung → Gesamtspannung ← angestrebte Spannung

In die Anspannung geht eine Reihe von Faktoren ein, von denen uns manche vielleicht nur sporadisch in Anspruch nehmen, die jedoch, wenn sie präsent sind, unsere ganze Energie fordern.

Dazu gehören:

- die stete Sorge um den eigenen Gesundheitszustand,
- die Anteilnahme am Wohlergehen von Anverwandten und Freunden,

- der tägliche Existenzkampf,
- Zweifel an der eigenen Zufriedenheit
  - mit der beruflichen Tätigkeit,
  - mit dem Wohnort,
  - mit der sozialen Umgebung,
- eine latente Angst vor Katastrophen und Kriegen.

Natürlich kann einiges davon beeinflußt und auch abgeschafft werden, aber – was immer man auch ändert – der Schreibtisch unseres Lebens wird nie ganz leer werden. Stets wird uns ein bestimmtes Quantum an Anforderungen in Atem halten. Auch machen von Zeit zu Zeit die Schicksalsmächte recht rigoros auf sich aufmerksam, indem sie uns mit Unerwartetem, mit Unabwendbarem konfrontieren.

Solche Bürden scheinen manchmal kaum erträglich, und doch müssen wir uns mit einer kriminellen Verfehlung in unserem unmittelbaren menschlichen Umfeld genauso abfinden wie mit der Tatsache einer unheilbaren Krankheit oder, als letzte Gewißheit, mit dem Tode von Nahestehenden.

Bei alldem handelt es sich um Auflagen, die einen läutern, die einen reifen lassen, die einen aber auch straucheln lassen können.

Die Auswirkung der Anspannung benennt man mit dem oft verwendeten Ausdruck »Streß«, dem die klassische Definition seines Ersterforschers Hans Selye zugrunde liegt: die unspezifischen Reaktionen des Organismus auf Belastungen aller Art.

Wird das vom Schicksal und von der Umgebung aufgebürdete Maß an Anspannung als zu gering im Verhältnis zum Energiepotential empfunden, so werden der

Betriebsamkeit weitere Ventile erschlossen. Das mag vom handwerklichen Hobby über Reisen, zweiten Bildungsweg, Mitarbeit in Interessengemeinschaften, über erotische und andere Abenteuer bis zu Hasardspielen und dem vermeintlichen Ausleben im Drogenrausch führen.

Es ist dies ein recht verständlicher Vorgang:

Die Tätigkeiten, die höhere Lebewesen und insbesondere der Mensch vollführen, unterliegen dem Lustprinzip. Hat das Nervensystem die grundlegenden Bedürfnisse befriedigt, so erwacht die Neugierde nach ungewohnten Sphären und Gegenständen, nach solchen also, die noch nie zuvor mit Bedürfnissättigung verbunden waren. So entstehen neue Interessen, die sich in einem Gerichtetsein von Aufmerksamkeit, Gedanken und Absichten äußern. Im Gegensatz zu den Bedürfnissen, die sich in Trieben, Wünschen und Willen äußern und über etwas zu verfügen trachten. Bei Fehlen von *Interessen* wird das Leben allmählich langweilig, somit schafft man sich besser welche an, indem man seine Neigungen einmal gründlich überdenkt.

Hätten sich im Laufe der Evolutionsgeschichte die *Triebe* langsamer entwickelt oder wären sie ständig unterdrückt worden, so bedeutete dies, daß sie, als die wahren Antriebsmotoren des Fortschritts, zu schwach gewesen wären, um das menschliche Nervensystem auf den gegenwärtigen Stand zu bringen. Die Konsequenz dessen wäre, daß wir uns heute auf einer wesentlich niedrigeren Entwicklungsstufe befänden.

Somit steht fest, daß das Entscheidende auf dem letztlich so raschen Entwicklungsweg des Homo sapiens, nämlich die Ausbildung von sehr verschiedenartigen Interessen gepaart mit einem immer differenzierteren

Triebleben, aus dem Komplex Reizbedarf/Reizbewältigung hervorgegangen ist.

Aus Abläufen also, die allesamt mit Spannungszuständen verquickt sind.

Nun wollen wir uns gleich drei Modellfällen der individuellen Spannungs-/Anspannungs-Verteilung zuwenden:

Fall 1:

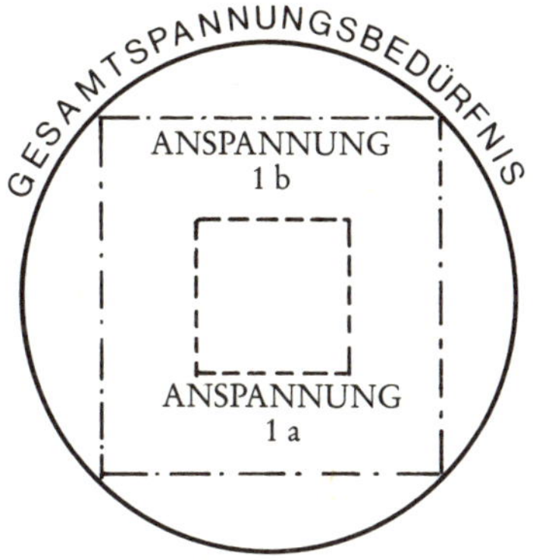

Die Anspannung füllt einen Teil des gesamten Spannungsbedürfnisses aus, weitere Beschäftigungen werden gesucht. Je nach dem Anteil der vorgegebenen Anspannung wird das Quantum an selbstangestrebten Spannungssituationen von größerem (außerhalb des kleinen gestrichelten Quadrates – 1 a) oder geringerem Ausmaß sein (außerhalb des strichpunktierten größeren Quadrates – 1 b).

Fall 1 a: Dieser Gruppe werden alle sogenannten »schillernden Typen« zugerechnet: Abenteurer, Spieler, Hochstapler – also alle auf Hochtouren laufenden Superaktivisten und Risiko-Sucher. Darüber hinaus aber auch Leute mit gesicherter Existenz, die vom Aufwand für ihren Lebensunterhalt nicht besonders absorbiert werden.

Fall 1 b: Kleiner Anteil an »gesuchter Spannung«. Hierher gehören all jene, die sich zum Großteil im Lebenskampf erschöpfen, weiterhin alle ausgeglichenen, in sich ruhenden Persönlichkeiten, aber auch solche, die von den »Hochfrequenzlern« als graue Mäuse oder Langweiler bezeichnet werden.

Fall 2:

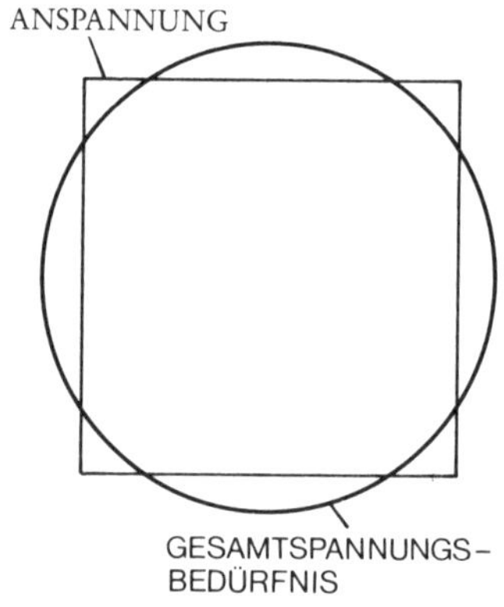

Es gibt keinen eigenverordneten Anteil – die Anspannung entspricht ziemlich genau dem Komplex des Gesamtspannungsbedürfnisses. Von außen her und/oder aus dem eigenen Inneren wird genau so viel Stimulierung geschöpft, wie dem Erlebnisbedürfnis angepaßt erscheint. Druck und Zugkräfte stehen in einer idealen Gleichgewichtsbeziehung. Charakteristika wie unter 1 b.

Fall 3:

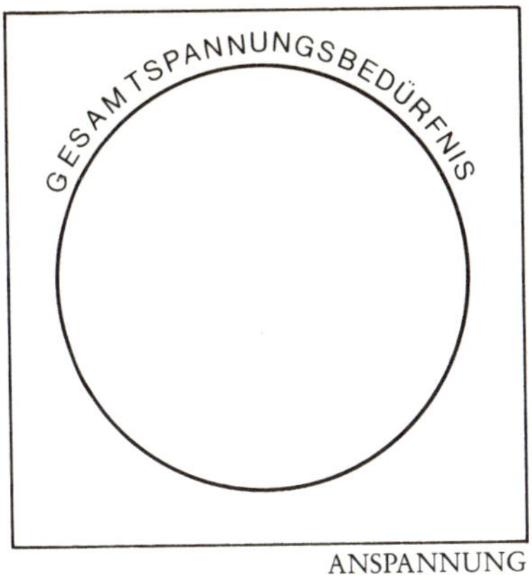

Das Feld des Gesamtspannungsbedürfnisses wird von dem der Anspannung übertroffen. Dieser Menschentyp läuft ständig hinter etwas her, hat meist ein schlechtes Gewissen, was die Pflichterfüllung betrifft, und kommt kaum zur Ruhe. Er wird von dem Gefühl des Teller-Jongleurs dominiert, der stets dem am langsamsten rotierenden Teller Schwung verleihen muß, damit dieser sich nicht zu drehen aufhört. Dabei ahnt der Jongleur, daß der Moment kommen muß, wo alle Teller niedereiern werden und die Show damit zu Ende ist.

All diesen so verschieden veranlagten Menschentypen ist eines gemeinsam – von Zeit zu Zeit wird einem jeden bewußt, daß er überfordert oder unterfordert ist, daß entweder mit der Umwelt oder mit der eigenen Grundeinstellung zum Leben etwas nicht stimmt.

Solange diese Empfindungen sporadisch auftreten, ist dies eine ganz natürliche Sache. Jeder gibt sich dann und wann einer gewissen Alltagsmüdigkeit und Unzufriedenheit hin. Zeigt eine ständige Überlastung hingegen Auswirkungen auf den Organismus oder findet ein länger währendes Gefühl von Nicht-ausgelastet-Sein seinen Niederschlag in einer Frustration, so sollten Bedenken nicht ohne weiteres beiseite geschoben werden.

Man sollte sich Gedanken machen, woher und wie die Mitmenschen ihre Anregung beziehen.

Sich selber sollte man fragen, warum man sich für etwas – und warum gerade dafür – engagiert. Was einen aufregt. Ob eine zeitweilige Überlastung auch in angemessenem Verhältnis zum Nutzen steht. Ob man seine Zeit mehr ausfüllt oder sie nützt. Fragen so allgemeiner Art lassen einen doch einmal über grundlegende Dinge wie Energiehaushalt, Interessensphäre, Willensmanifestation, Lebensrhythmus und schließlich den Sinn der eigenen Tätigkeiten ins klare kommen.

Banale Angelegenheiten, könnte man meinen, doch rühren gar manche Schwierigkeiten des Berufs- und Privatlebens nicht so sehr von einer unkritischen Übernahme vieler geschriebener und ungeschriebener gesellschaftlicher Gebräuche her, sondern von einer eher laxen Selbstbeobachtung, im Zuge derer man sich einige wesentliche Fragen nicht stellt. Zum Beispiel die nach dem Bedürfnis nach Spannung.

Wann etwas noch Lust in sich birgt – und wann es zur Last wird.

Einerseits die Reiz-Jäger

Alles zielgerichtete menschliche Handeln entspringt Motiven. Diese Motive werden durch Anreize aus drei verschiedenen Sphären ausgelöst, die sich vereinfacht folgendermaßen darstellen:
- Kopf
- Körpersäfte
- Umwelt

Im Kopf spielen sich – unter anderem – unsere Phantasien ab. Sie treten in Form von Tagträumen und selbstentworfenen Geschichten auf und verleiten uns zum Vorweg-Denken verschiedener Ziele, die meist in weiter Zukunft angesiedelt sind. Bestimmte Verhaltensweisen werden gedanklich durchgespielt und zu gegebener Zeit in die Tat umgesetzt. Zur Erfüllung solcher Projektionen wird in der Regel viel Energie eingesetzt, und nicht selten werden auch erhebliche persönliche Einschränkungen vorgenommen.

Störungen des physiologisch-histologischen Gleichgewichtes (= der Körpersäfte) erzeugen Unluststimmungen. Die Aufhebung solch negativen Befindens und damit auch die Behebung der Störungen besorgt das menschliche Triebleben. Wir horchen in uns hinein und erlauschen dabei ein Mangelgefühl: Hunger, Durst, sexuelles Verlangen, Kälte- und Wärmeempfinden sind die wesentlichsten Grundtriebe, die im Falle eines Mangels unser gesamtes Streben – bisweilen recht vehement – darauf lenken, diesen kurzfristig zu beseitigen.

Umweltreize sind nach Art und Aufforderungscharakter gleichermaßen vielfältig. Tausenderlei Eindrücke treffen besonders den Bewohner von Ballungsräumen täglich und stellen ihn vor die Aufgabe, seinen Weg durch das Labyrinth von Wichtigem und Unwichtigem, von Gefährlichem und Nützlichem zu finden.

Zusammengefaßt bedeutet das:

Die hoch angesetzten Wunschprojekte, das heute übliche freie und spontane Ausleben der Triebe und die enormen Durchsatzraten von Umweltimpulsen haben – gemeinsam – ein derart dichtes Aktionsprogramm zur Gewohnheit werden lassen, daß alleine schon der Rückgang des Reizvolumens als unangenehm empfunden wird und Verzweiflung gemischt mit Angstgefühlen aufkommen läßt.

Dem begegnet man am besten durch eine ständige Neubeschaffung von geeignet erscheinenden Anreizen. Gleich einem Jäger ist man pirschend unterwegs, bereit aufzuspüren, zu zielen, zu erlegen.

Viele machen daraus eine Hetzjagd, indem sie in einem Maximum auch ein Optimum vermuten. Ständig sind sie unterwegs und hinter etwas her.

Manche gehen oft auf die Pirsch und schießen nur selten – der Großteil des Angebots entspricht nicht ihrem Geschmack. Dann gibt es welche, die in Gemeinschaft jagen, und solche, die es vorziehen, alleine zu gehen. Solche, die lieber jagen, und andere, die gleich vollstrekken müssen.

Weiters gibt es Jäger, die sich an Jagdzeiten halten, und solche, die diese ignorieren.

Manchen macht leichte Beute Spaß, andere kaprizieren sich auf Ausgefallenes, wieder anderen geht es gar nicht um die Beute, sondern bloß um die Jagd.

Es gibt Eigenrevier-Jäger und solche, die sich magisch von des »Nachbarn Garten« angezogen fühlen.

Und schließlich ist da noch die erhebliche Anzahl der Gegner der Jagd, die sie als nutz- und sinnlose Zeitverschwendung hinstellen. Sie lassen die Dinge an sich herankommen, einfach weil es ihrer Einstellung widerstrebt, von sich aus auf die Suche zu gehen, sich zu exponieren.

Damit sind wir im Zuge der Reizbeschaffung unwillkürlich in die ureigenste menschliche Sphäre hineingeraten – in die der Lebensgestaltung unter Ausschöpfung der persönlichen Freiheit. Hier steht ein jeder in seiner ganzen Blöße vor den Mitmenschen. Hier wird Zeugnis gegeben über Leidenschaften, Geschmäcker, Denkeinstellungen und Engagements. Es ist dies das Feld, auf dem sich Schicksale formen, wo sich Leistungen an ihren Aufgaben profilieren, wo sich Naturelle scheiden. Zugleich ist es aber auch der Schauplatz der ungeheuerlichsten Intoleranz. Jedermann ist zu seines Nachbarn Richter geworden, und letztlich hat man am Beispiel der Massenmedien die unterschwellige Verurteilung von Verhaltensweisen so gut gelernt, daß man sehr schnell mit dem »Lächerlichmachen« oder gar der Verdammung von fremdartig erscheinender Interessensverfolgung zur Hand ist. Dabei soll hinsichtlich der Auswahl von (legitimen) Betätigungen kein Werturteil gefällt werden, haben Menschen doch vor allem ein Anrecht darauf, der Anspannung ihres Daseins ein bestimmtes Maß an positiver Erregung entgegenzusetzen, mögen sie sich bloß die Zeit vertreiben oder lange auf eine besondere Inspiration warten.

Generelle Aussagen können aber nur für die Extreme getroffen werden:

Die Intensiv-Jäger mit ihrer ständigen Langeweile-Bekämpfung erleben bei Wegfall ihres gewohnten Aktionsfeldes eine ziemliche Desorientierung. Triviale und banale Unterhaltungen ziehen auf Dauer ein Verkümmern der Selbständigkeit nach sich.

Bei den »Alles-Schießern« hat sich die Erlebnis-Schöpfung in die Gefilde einer Scheinwelt begeben – man nimmt vieles, aber nichts wirklich Nahrhaftes zu sich, sondern nur eine Unzahl Ballaststoffe mit geringem bis keinem Nährwert. Oft wechselnde Pseudobedürfnisse und Quasibefriedigungen sind die Folge dieser Wahllosigkeit.

Alle übrigen – die vielseitig Offenen mit wenigen Interessensschwerpunkten, die unengagierten Neugierigen, die Groupies, die ewig Suchenden, die leicht Beeinflußbaren und die Passiven – sie alle können auf ihre Art selig werden, so sie ehrlich zu sich selber sind, indem sie ihrem Leben kritische Akzente verleihen.

Was die verschiedenen Alternativen betrifft, so sind sie am ehesten wie folgt auf einen Nenner zu bringen:

Manchmal »muß« man einfach die Zeit totschlagen, sich gehen lassen, wenn einen ein spezielles Ablenkungsangebot sehr in seinen Bann zieht, weil man zuvor zu sehr in Konvention und Routine gefangen war. Im Rahmen der langfristigen Entscheidungen aber soll man seine Interessen und Neigungen aufspüren und ihnen folgen, seine Talente und kreativen Züge genauso wie die meditative Veranlagung (wenn vorhanden) als Wegweiser nehmen.

Der Fährtenhund mit sicherem Instinkt muß man selber sein, und man kann ruhig auch einmal von der Fährte abkommen und eine andere verfolgen.

War man lange nicht erfolgreich, so kann man sich ja schließlich noch immer als Jäger behaupten – mit Jägerlatein.

Andererseits die weitgehend unabhängigen Selbstversorger

Den Reizjägern und den Passiven steht eine Gruppe von Menschen gegenüber, der es gar nicht bewußt ist, daß die Reizbeschaffung überhaupt ein Problem sein kann, daß es so etwas wie einen Reiz-Haushalt gibt.

Dies sind die extrem Kopf-/Körpersäftelastigen, die aus ihrer Gedanken- und Gefühlssphäre so viele (oder auch noch mehr) Impulse beziehen, wie es ihrem Erlebnisbedürfnis entspricht. Sie entziehen sich den Forderungen der Allgemeinheit nach Vernunft, Normalität, Ordnung. Sie leben für sich und aus sich heraus. Dadurch sind sie (fast durchweg) unabhängig vom landläufigen Unterhaltungsprogramm. Sie wissen Bescheid um die Macht der von der Muße erzeugten Impulse und nutzen diese meist auch zu überdurchschnittlicher Produktivität. Das menschliche Umfeld ist ihnen von geringer Bedeutung, da sie sich ja selber genügen.

Und dennoch sollte man auch Menschen dieses Schlages ab und zu zu einer Kontaktnahme mit den Mitmenschen ermuntern. Solange sie keinen Sinn in einem Sich-Aufschließen sehen, ist für sie selbst kein Anlaß dazu vorhanden. Nicht so einfach ist das Zusammenleben für gefühlsmäßig engagierte Angehörige. Darunter gibt es immer welche, die versuchen, in die Schneckenhäuser solcher »Selbstversorger« vorzudringen, und die daran auch ebenso oft scheitern.

Als schrullig werden sie von so manchem bezeichnet – und als Sonderlinge, die das Leben nicht zu genießen verstehen. Dahinter steckt wahrscheinlich auch ein wenig Mißgunst – denn wer wäre nicht auch selber einmal etwas selbstgenügsam, wenn die Qual der Unterhaltungswahl zu unerträglich wird ...?!

Andere wiederum vermuten in diesen von den Außenreizen fast völlig unabhängigen Zeitgenossen etwas Besonderes. Weiß man doch aus unzähligen Biographien, wie die Größen vergangener Zeiten in »ihrer Sache« aufgegangen sind, indem sie sich mit ihr von der Umwelt gänzlich abgenabelt hatten.

Wissenschaftler, die in ihren Laboratorien Tag und Nacht gearbeitet und gleichzeitig gewohnt haben;

Künstler, die extrem unzugänglich waren; große Geister, die ihre Ziele mit Demut und Selbstbescheidung in Abgeschiedenheit verfolgten. Für all diese Zurückgezogenen wäre ein häufiger Umgang mit der Außenwelt nur eine Einbuße jenes intensiven Lebensgefühles gewesen, das sie aus ihrem Schaffen in einem sehr hohen Maße bezogen haben. So ganz selbstverständlich.

Begeisterung und ein absolutes Mit-einer-Sache-Verschmelzen fasziniert die Umwelt ungemein: Es macht den Betreffenden nämlich so unabhängig von Menschen, Meinungen und Moden. Er behauptet sich ja selbst und möchte sich nicht allzuoft irgendeiner Öffentlichkeit gegenüber verantworten oder auch nur zur Verfügung stellen müssen.

Ihr Leben führen diese »Selbstversorger« mit einem Minimum an Verbindlichkeiten, und das läßt sie im Sozialverband als nicht sehr gemeinschaftsdienliche Wesen dastehen. Indirekt beeinflussen sie aber den gesellschaftlichen Fortschritt schon dadurch, daß sie Anlaß geben zur Auseinandersetzung mit ihrer Person und ihrem alles dominierenden Interessengebiet. Die Gesellschaft unternimmt ohnehin zuviel, um Menschen zu kontrollieren, um sie von ihren eigenen Grenzen abzuhalten. Und dies wird gezielt ignoriert. Ob diese Grundeinstellung in irgendeiner Weise positive Anstöße bewirkt, kann manchmal nicht einmal der Zeitgeist, sondern erst eine viel spätere Nachwelt beurteilen.

Die Manipulation mit Reizen

Sehen wir uns die Geschöpfe der rationalisierten und technischen Kultur doch einmal genauer an. Betrachten wir dabei unser eigenes Verhalten in seiner Gesamtheit. Alles, was wir so unternehmen, soll doch jeweils einem Zweck dienen. Als Wesen, die Überlegungen anstellen, verfolgen wir mit unseren Tätigkeiten bestimmte Ziele.

Dies sind nicht immer mit klaren Absichten verfolgte Ziele (bisweilen nicht einmal für den Handelnden selbst) – und so manche dahin führende Entscheidung kommt geradewegs »aus dem Bauch«, wie man reines Instinkthandeln zu nennen pflegt. Unsere Tätigkeiten haben aber insgesamt eine Richtung, einen zu verfolgenden und reproduzierbaren Verlauf – mag dieser, zeitlich gesehen, auch noch so kurz sein.

Nun sind wir in einem betreffenden Lebensraum stets von anderen Wesen umgeben – und diese senden gemeinsam mit den von ihnen geschaffenen Werken in selten unterbrochener Abfolge eine Unzahl von Signalen aus, besonders in den dichten Ballungsräumen herrscht eine Überfülle von Reizimpulsen. Wir können nun darauf reagieren, wir können sie freilich auch von uns abschieben und verdrängen. Gänzlich unbeachtet können wir sie aber nicht lassen, und so beeinflussen sie unsere Handlungsweise in gewisser Hinsicht.

Der hohe Reizpegel wird zur Gewohnheit, genauso wie das niedrige Reizquantum des oft zitierten einsamen Inselbewohners. Was widerfährt nun dem einzelnen, wenn das hohe Niveau aus diesem oder jenem Grund absinkt?

Er empfindet, wie schon gesagt, einen Mangel – und er kompensiert ihn, sobald sich ein Unlustgefühl breitmacht, denn Unlust kann in der heutigen Zeit nicht ertragen werden. Desmond Morris, englischer Zoologe und Verhaltensforscher, bringt die Kompensationsmöglichkeiten in ein sehr übersichtliches System:

Sobald zu geringe Stimulierung eintritt, kann man den Verhaltensausstoß erhöhen, indem man
- überflüssige Probleme erfindet und sie löst,
- auf normale Reize überreagiert,
- auf unternormale Reize wie auf normale reagiert,
- ganz neue Betätigungen erfindet,
- ausgewählte Reize künstlich verstärkt.

Solche Exemplare kennen wir doch alle, vielleicht gehören einige davon sogar zu unserem näheren Bekanntenkreis:

- Überflüssige Probleme erfinden: Um gleich mit Extremen zu beginnen, wollen wir einen Blick ins »Buch der Rekorde« werfen – da sehen wir sie schon vor uns, die 100-Knödel-Esser, die Langzeit-Tänzer, die 50 in einem Kleinwagen, die Weitspucker, die schnellsten Klavierzertrümmerer und all ihre Kollegen. Vom zweckgebundenen menschlichen Handeln haben wir zuvor gesprochen – und hier finden wir nur belächelnswertes infantiles Gehabe ...?

  Da scheint nur eine Motivation wahrscheinlich: Jeder Mensch hat doch den latenten Wunsch, in irgendeiner Disziplin wirklich der Beste zu sein. Nun herrscht in den traditionellen Wettbewerben eine derart harte Konkurrenz, daß es einfacher erscheint, sich Überflüssiges einfallen zu lassen und sich darin zu beweisen, als sich auf einen traditionellen Bewerb vorzubereiten, in dem man die Spitze hoffnungslos weit vor sich weiß.

  Nützen tut die pure Rekordjagd um der Selbstbestätigung willen niemandem (außer dem Betreffenden), aber so wirklich schaden eigentlich auch niemandem.

Neben diesen Tiraden des Unnötigen kommt diese Manipulation mit Reizen auch in gemilderter Form in so manchem (staats-)bürokratischen Apparat vor. Dort wird eine Reihe von Richtlinien und Regeln von der Obrigkeit bloß dazu eingesetzt, um die Belegschaft auf Trab zu halten.

Ebenfalls beobachten kann man das Phänomen bei älteren Leuten im Ruhestand. Nach einem arbeitsreichen Leben stellt sich ihr Tätigkeitsdrang nicht so schnell ab, und so ist es köstlich und bewundernswert, mit welchem Ernst sie an »ihre gewichtigen Probleme« herangehen.

– Überreagieren: Vom älteren Herrn in der Straßenbahn, der sich ungeheuerlich aufregt, daß ihm bei einer Notbremsung jemand auf den Fuß getreten ist, bis zu den Rowdys auf den Sportplätzen, die sich mit Schmähreden zum Ausbruch nackter Brutalität hochschaukeln, sind uns viele Zwischenstufen bekannt. Plötzlich ist einem eine Sache zum Anliegen geworden, man verbeißt sich in die eigene Argumentation, mißachtet die der anderen – und schon hat sich das Ganze unversehens zu einer Affäre ausgewachsen. Und keiner denkt mehr an eine Beilegung des Zwistes.

Aber nicht nur die Reize auf zwischenmenschlicher Konfliktbasis können mit verstärkten Reaktionen beantwortet werden, sondern auch solche aus dem eigenen Triebleben. Die Hochzivilisation (oder sollte man sagen: die Gruppe besonders reicher Länder) konsumiert heute einfach von allem zuviel. Selten begegnet man jemandem, der den Verbrauchskult nicht in irgendeiner Form mitmacht.

Man rufe sich nur das Gehaben an einem Kaufhaus-

Wühltisch oder an einem Selbstbedienungs-Buffet ins Gedächtnis, und schon hat man Bilder von den Auswüchsen der Konsumwut vor sich.

- Erfinden von neuen Betätigungen: Dies war wohl schon immer der produktivste Zweig, der aus der Jagd nach Reizen hervorgegangen ist, und er wird es sicherlich auch weiterhin bleiben. Vorwiegend in den beiden Großkomplexen Wissenschaft und Kunst haben Pioniere zu allen Zeiten neue Wege beschritten. Wege, die uns die größten Leistungen des höchstentwickelten Apparates vor Augen führen – nämlich die des menschlichen Gehirns. Nicht immer zum eindeutigen Vorteil der Menschheit, aber doch immer in die Richtung von Neuland.
- Künstliche Verstärkung ausgewählter Reize: Vornehmlich die darstellende Kunst bedient sich dieses Mittels, indem sie Handlungen sehr gezielt verdichtet. Dabei werden ausgesuchte Szenen bzw. Charaktere stark überhöht und nicht so Wesentliches abgeschwächt oder ganz weggelassen, was den Handlungsablauf hyperrealistisch wirken läßt und den Spannungsimpulsen einen äußerst intensiven Effekt erteilt. In der bildnerischen Kunst der Primitiven ist die Herausstreichung bestimmter Merkmale bisweilen recht offenkundig. Eine Fruchtbarkeitsgöttin streckt dem Beschauer ihren riesigen Bauch entgegen – Kopf, Arme und Beine sind bei weitem unterdimensioniert. Der Schädel einer Medizinmann-Skulptur ist oft viel länger als der ganze übrige Körper, usf.

Auch die Karikatur arbeitet mit diesem Stilmittel, nämlich dem gezielten Abweichen von einem idealtypischen Wesen, um eine verstärkte Reaktion herauszufordern. Und wo finden wir das Phänomen im täglichen Leben?

Auf den Gebieten Mode und Werbung sind wohl die findigsten Spezialisten der Reizüberhöhung tätig. Da gehen auf die ohnehin recht aufnahmebereite Masse Serien von Reizsalven nieder. Mit dem klaren Bekenntnis zur Bedürfnisweckung. Welche dieser Vorgänge im einzelnen zum Tragen kommen, wird von Mensch zu Mensch und von Situation zu Situation verschieden sein. Wichtig für alle Hochfrequenz-Typen ist zu wissen, daß sie bei Reizarmut nicht darben müssen, sondern sich die angebotenen Erlebnisse nach eigenem Gutdünken (jedoch mit ein klein wenig Selbstbetrug) auch in Eigenregie auf ihre Erlebnisvorstellungen zurechtzimmern können.

Nun kommt es aber auch oft zum Gegenteil, nämlich daß man sich abschirmen möchte, wenn einen eine zu arge Reizflut bedroht. Wie kann man ein Zuviel an sich überstürzenden Impulsen abwehren? Wie kann man eine Konfusion vermeiden?

– Fliehen oder sich abschließen ist die einfachste und auch empfehlenswerteste Variante, die aber nicht jederzeit zur Verfügung steht. So trachten wir danach, die verwirrende Flut teilweise zu verdrängen: Wir schieben dabei eine Menge von Eindrücken unerledigt ins Unterbewußtsein ab. Das verschafft eine momentane Erleichterung, führt aber zu keiner wirklichen Bewältigung, da das Abgeschobene wieder auftauchen und in einer weiteren intensiven Reizwelle eine ungeahnte Zusatzbelastung darstellen kann.
  Diese Methode hat aber entschieden den Vorzug vor einer

- Betäubung mit diversen pharmazeutischen oder gar Suchtmitteln, wie etwa Beruhigungstabletten, Alkohol oder Rauschgiften. Die Zivilisation hat nun einmal ihre Nachteile, und wir haben uns daran zu gewöhnen, mit diesen zu leben, oder – so wir das nicht zustande bringen – ihr zu entfliehen.

Stellen wir uns aber dem zeitweiligen Mangel an bzw. der Überflutung von Reizen, dann sollten wir das Beste daraus machen: Beobachten wir uns in Extremsituationen doch manchmal selber und finden wir heraus, zu welchen der angeführten Manipulationen es uns hinzieht!

Wie der Körper auf Hochspannung reagiert

Wer hat es noch nicht an sich verspürt?

Ein knisterndes Prickeln, ein Gefühl, als ob warme Wellen im Körper hochstiegen – ein Kribbeln irgendwo in den Armen und auf dem Rücken oder ein nicht zu lokalisierendes Kopfjucken?

Kaum zum Atemholen ist man gekommen, geschweige denn zur Beobachtung seiner selbst! Wären wir an eine Stromquelle angeschlossen gewesen, hätten wir aufgeleuchtet wie eine 1000-Watt-Lampe.

Was ist in diesen Momenten in unserem Organismus vor sich gegangen? Wie lassen sich die komplizierten physiologischen Vorgänge nun allgemein verständlich ausdrücken?

Dazu müssen wir eine kurze Beschreibung des menschlichen Nervensystems vorausschicken: Die beiden Großkomplexe sind das

- Zentralnervensystem, das für die Reizverarbeitung der Außenwelt, für ihre motorische Beantwortung und für Denk- und Willensvorgänge zuständig ist, und das

- vegetative Nervensystem, dessen Tätigkeit sich ohne Mitwirkung von Bewußtsein und Willen vollzieht.

Letzteres besteht aus den beiden Komponenten Sympathikus (bewirkt Leistungsbereitschaft und -steigerung) und Parasympathikus (erwirkt Schonung und Wiederherstellung der Kräfte).

Beide Systeme innervieren die vegetativen Funktionen des Körpers im allgemeinen in der Art einer kybernetischen Steuerung *antagonistisch* (gegenspielerisch), das heißt, wird ein Organ durch den einen Teil zu einer extrem erhöhten Reaktion gebracht, kommt es zu einer Aktivierung des zweiten Teils, der im selben Organ dieser Reaktion entgegenwirkt.

Jeder Reiz, der zu gesteigerter Aufmerksamkeit führt, aktiviert den Sympathikus, der den Körper in erhöhte Leistungsbereitschaft versetzt (was auf Kampf- und Fluchtreaktion reduziert werden kann). Der Ausgangsort sind Teile des Stammhirns, von wo die Reize durch elektrische und biochemische Übertragungsmechanismen über das Rückenmark an die Peripherie weitergeleitet werden. Bei Reizauslösung schütten die Endverzweigungen der sympathischen Nervenfasern die chemische Substanz Noradrenalin aus. Weil heute auch in Laienkreisen schon recht oft von diesem organischen Stoff gesprochen wird, sei hier zur bildlichen Veranschaulichung die verhältnismäßig einfache Strukturformel wiedergegeben:

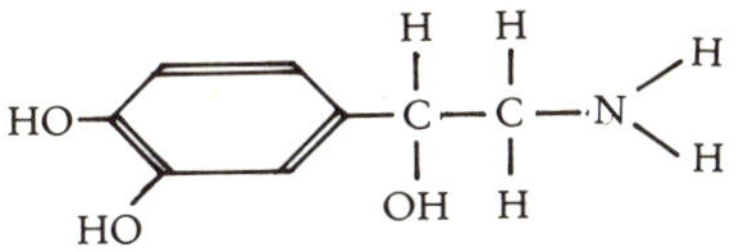

Noradrenalin

Als Folge der Sympathikuserregung wird das Herz zu erhöhter Tätigkeit angeregt, es kommt zu Blutdruck- und Pulserhöhung und einer Arterienverengung. Wird ein Spannungszustand nicht über körperliche Betätigung (Laufen, Gymnastik, Kämpfen) gemindert, so können bei längerer Dauer Kreislaufschäden eintreten. Bei oftmaliger und anhaltender Sekretion von Noradrenalin *ohne* gleichzeitige physische Leistung führt nämlich der erhöhte Blutdruck zu einer Verringerung der Gefäßelastizität. Läßt diese erheblich nach, so steigt die Wahrscheinlichkeit, daß es zu Schlaganfällen kommt. Diese sogenannten Infarkte stellen heute weltweit eine der häufigsten Todesursachen dar, in manchen Gebieten stehen Herz- und Kreislauferkrankungen schon lange Zeit an erster Stelle.

Weitere Sympathikus-Aktivitäten finden bei latenten Spannungszuständen noch in folgenden Phänomenen ihren Niederschlag:

- Kalte Hände, kalte Füße: hervorgerufen durch die Kontraktion der glatten Gefäßmuskulatur.
- Kalter Schweiß: Die Kühlung der Körpertemperatur erfolgt über eine differenzierte Aktivierung des Sympathikus, und zwar in der Weise, daß die Schweißsekretion angeregt wird und die peripheren Gefäße erweitert werden. Durch die Verdampfung wird die Hautoberfläche und auch das vermehrt durch die Hautgefäße fließende Blut gekühlt. Kommt es – wie zum Beispiel bei einem anhaltenden Schock – zu einer Sympathikus-Aktivierung, so wird ebenfalls in erhöhtem Maße Schweiß sekretiert, die Hautgefäße jedoch verengen sich. Daher kann die »Verdampfungskälte« nicht über den Kreislauf abgeführt werden, und es kommt zum subjektiven Kälteempfinden.

- Magenschmerzen: Eine Aktivierung des Nervus vagus (gehört dem parasympathischen Nervensystem an) führt zur Sekretion von Magensäure. Tritt nun eine Sympathikus-Aktivierung ein, wird dies automatisch eine antagonistische Reaktion des Parasympathikus und damit eine vermehrte Magensäureproduktion zur Folge haben, was sich in einem Druckgefühl in der oberen Magengegend äußert.
- Verminderung der Denkfähigkeit: Da die Skelettmuskulatur nicht nur auf Kosten innerer Organe überversorgt, sondern auch ein Teil der für die Gehirndurchblutung vorbestimmten Blutmenge zugunsten der Muskeln abgestellt wird, kann weniger klar und deutlich gedacht werden.

Dies alles tritt also in latenten Spannungs- und Hochspannungssituationen ein. Keineswegs die gesamte Palette bei jedem von uns, und doch hat ein jeder wohl schon mit dem einen oder anderen Phänomen eine unangenehme Bekanntschaft machen müssen.

Was geschieht nun aber beim Abklingen solcher Zustände?

Vorerst wird die erhöhte Ausschüttung der Überträgersubstanz ein Ende finden und das überschüssige Noradrenalin durch Enzyme abgebaut bzw. in die Speicher zurückresorbiert.

In der weiteren Folge stellt sich allmählich ein Gleichgewichtszustand zwischen dem sympathischen und dem parasympathischen Nervensystem ein, was schließlich zum Normalzustand des Organismus führt.

Bei all den erwähnten negativen Auswirkungen von Belastungen wird der Arzt aber dennoch keine rigoros ablehnende Haltung einnehmen. Er wird einem wahr-

scheinlich folgendes nahelegen: Regen Sie sich selbst an, regen Sie sich ruhig auch öfter auf, aber trachten Sie danach, *rechtzeitig* wieder *gehörig* Dampf abzulassen! Helfen Sie dem ein wenig nach, indem Sie laufen, einige Liegestütze oder Kniebeugen machen! Weitere Entspannungsmittel seien nur stichwortartig angeführt:
- Schlafen (*das* ideale Regenerationsmittel schlechthin)
- Sprechen
- Meditation
- Beschäftigung mit der Natur
- Massieren lassen
- Tanz
- Schaukeln
- Gefühlsregungen freien Lauf lassen

Zur Frage, ob Verhaltensvergleiche in Form von meßbaren Werten vorliegen, wäre folgendes festzustellen: Natürlich gibt es eine Reihe von Meßverfahren, in die Parameter wie der elektrische Widerstand und die Temperatur der Haut sowie Puls und Blutdruck eingehen. Diese haben jedoch alle unter einem Handikap zu leiden, nämlich daß sich die betreffenden Versuchspersonen des Unter-Beobachtung-Stehens bewußt sind und daß ein damit verbundenes Vor- bzw. Überreagieren die Objektivierbarkeit der Meßergebnisse in Frage stellt.

Zur Veranschaulichung – eine Sprungfeder

Vorrangig setzt der Mensch seine Energien für die *Bewältigung* seines Daseins ein, beinahe ebenso wichtig ist ihm aber die *Gestaltung* desselben. Sie erfolgt nach sinnvoll scheinenden Plänen und Wertvorstellungen, und stellt (meist) den direkten Ausdruck seiner Lebenseinstellung dar.

Nach Absättigung der Grundbedürfnisse und Lösung der Alltagsprobleme (manchmal auch um von diesen abzulenken) werden in jedem Individuum Kräfte wirksam, die es von sich aus dazu bewegen, auf die Suche nach bestimmten Erfahrungen zu gehen. Die Steuerung dabei geht, wie bereits dargelegt worden ist, von Motiven aus:

Schopenhauer und Nietzsche haben dem menschlichen Handeln jeweils nur ein einziges Motiv zugeschrieben. Ersterer führte alles auf den blinden Willen zum Leben zurück, letzterer auf den Willen zur Macht. Inzwischen haben viele Motivationsforscher diverse Einteilungen getroffen, von denen einige eine Vielzahl von Klassen umfassen (60 und mehr).

Von all den Systematisierungen ist eine besonders dazu geeignet, als Basis für die nachstehende Veranschaulichung herangezogen zu werden, nämlich die der beiden US-Amerikaner Krech und Crutchfield, die folgendes unterscheiden:

– Mangelmotive und
– Überflußmotive.

Mangelmotivation wird ausgedrückt durch alles Streben nach Selbsterhaltung und Sicherheit. Das Ziel ist stets, Spannungen (im besonderen Anspannung) zu vermindern und Unlust zu vermeiden.

Überflußmotivation ist gekennzeichnet durch Bedürfnisse nach angenehmen sinnlichen Erfahrungen, durch Streben nach Achtung und Liebe, nach Verstehen der Umwelt und durch eine positive Einstellung zur Welt als solcher. Ziel dabei ist immer, eine Spannungszunahme zu erreichen und dadurch einen Lustgewinn zu erleben (entsprechend der selbst angestrebten Spannung).

Das konkrete Verhalten des einzelnen ist ein Zusammenspiel der beiden Motivationsklassen, wobei das Vorherrschen einer Komponente recht unterschiedlich und für den einzelnen sehr kennzeichnend ist. Soweit die Schulpsychologie. Nun zu unserem Modell:

Stellen wir uns eine Sprungfeder vor, eine elastische Metallspirale, die man aus dem Ruhezustand sowohl zusammendrücken als auch zugbelasten kann. Das eine Ende der Feder möge an einem zentralen Knochen des menschlichen Körpers – etwa dem Brustbein – fixiert sein, das andere Ende in die umgebende Atmosphäre hinausragen.

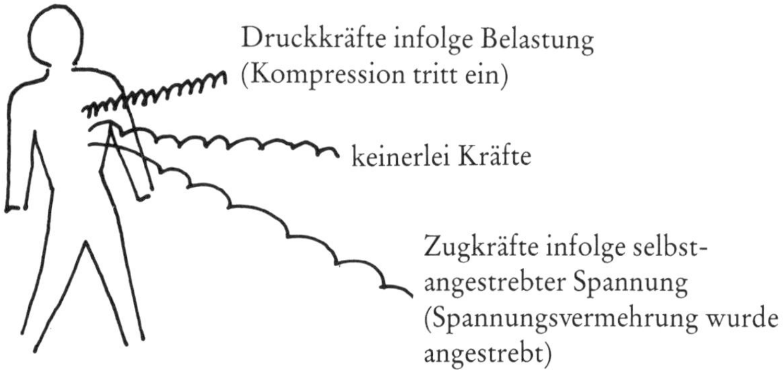

Im Falle von zermürbenden Gefühlen wie Trauer, Schmerz und Arbeitslast scheinen wir von einem zentnerschweren Gewicht erdrückt zu werden, was wir physisch oft auch als Druck auf der Brust empfinden. Wir trachten nach einem Ausgleich in Form einer (Druck)-Spannungsverminderung (dies entspricht der Mangelmotivation). Wenn seelische Kräfte wirksam werden, die einen zu neuen Erfahrungen hinziehen, die einen veranlassen, sich zu exponieren, dann ist die Feder über die Null-Lage hinaus ausgedehnt. Man selbst beabsichtigt eine Spannungsvermehrung und verspricht sich solchermaßen einen Lustgewinn (entspricht der Überflußmotivation).

Nun spielen sich unsere Stimmungslagen (besonders die affektbetonten) nicht in trägem Verharren und zeitweiligem Positionswechsel ab, sondern meist in Pendelbewegungen um bestimmte Lagen. Im allgemeinen haben wir die Schwingungen nahe der Null-Lage auf der Belastungsseite recht gut im Griff.

Bei stärkeren Drücken, sprich: Situationen, wo Lebenswerte auf dem Spiel stehen, wird die Feder bis zum Endpunkt ihrer möglichen Mindestlänge zusammengepreßt. Jedem zusätzlichen Druck kann sie nur mehr mit seitlichem Ausweichen entgegnen. Tritt ein solches Herausspringen aus der axialen Lage öfter auf, so verteilt sich die mechanische Spannung schließlich unregelmäßig über die Gesamtlänge der Feder, so daß diese allmählich ihre Funktionstüchtigkeit verliert.

Bei aus eigener Willkür ausgelösten Spannungsperioden verhält es sich ähnlich: Spielerisch nehmen wir die kleine Abwechslung, die manchmal so notwendige Zerstreuung auf uns. Ob wir uns mit interessanten Informationen konfrontieren, uns zu einer kurzen Reise entschließen, an einer Festivität oder einem Wettkampf teilnehmen, ja selbst bei im Streit geführten Auseinandersetzungen verstehen wir es jederzeit, uns dank unserer Routine zu behaupten, ohne die Nerven zu strapazieren.

An Stellen sehr hoher Spannung, wenn die Feder bereits nahe der Grenze ihrer Dehnbarkeit angelangt ist, tritt dann die Gefahr einer Überdehnung ein. Dann wissen wir es, meist erst im nachhinein: Fast wären wir am zu groß bemessenen Risiko gescheitert, fast wäre die Feder überdehnt und für alle Zeit unbrauchbar geworden, hätte uns nicht der Zufall im allerletzten Augenblick die Kontrolle über unser Handeln wiedergegeben.

Wir sehen also, daß am unteren Ende einer gedachten Erlebnisskala sowohl Anspannung als auch eigenverordnete Spannung recht exakt zu dosieren und zu beherrschen sind, daß die Feder aber um so mehr Eigenleben entwickelt, je weiter sie in den Grenzbereichen beansprucht wird.

Heißt das aber nicht mit anderen Worten: Erregungszustände von geringer Intensität bedeuten Mangel an psychischer Auslastung, während solche von hoher Intensität unser Handeln jeglicher Korrekturmöglichkeit infolge von Reizüberflutung entziehen? Oberflächlich betrachtet müßte man die Frage bejahen, der Antwort kann jedoch nur dann eine allgemeine Aussagekraft zugeschrieben werden, wenn auf die Vielschichtigkeit der menschlichen Emotionswelt und Charaktereigenschaften Bedacht genommen wird.

Es gehen ja wesentlich mehr Variable der Seelenkunde in die Handlungsmotivation des Individuums ein, als dazu ausreichen, um die Funktionsweise unserer

Metallspirale zu beschreiben – und doch können wir eine recht interessante Parallele zwischen Psyche und Physik beobachten: Aus der größten »Bedrücktheit« heraus erfolgen oft die stärksten Beschleunigungsimpulse für eine Dehnung weit über die Ruhelage hinaus und umgekehrt, ein Pendeln um »gespannte Lagen« erhält jene Elastizität, aufgrund derer eine hohe Kompression leichter verkraftet wird.

Und dieses völlige Ausschöpfen sämtlicher Energien – im Widerstand und zur Leistungsmotivation – war es stets, was herausragende Persönlichkeiten zu allen Zeiten Taten setzen ließ, die der Welt ihr heutiges Antlitz verliehen haben. Sehr wahrscheinlich waren ihre Federn von einer besonders langen Führung oder aber aus überlegenem Material. (Sicherlich sind ihre Vorhaben letzten Endes vom Zufall begünstigt worden, was die zeitlose Bedeutung ihrer Lebenswerke keineswegs schmälern soll.)

Die Überlieferung zeigt uns die Helden der Geschichte vorwiegend im Lichte ihrer genialen Veranlagung und vermittelt uns vielleicht noch ihr äußeres Erscheinungsbild, dem bedingungslosen Einsatz ihrer unsichtbaren Sprungfeder mißt sie für gewöhnlich recht geringe Beachtung bei. Jener Feder, die sie über alle Hindernisse und Regeln hinweg zu ihren bedeutenden Erfolgen emporkatapultiert hat.

Was die Großen vergangener Zeiten zur Verfolgung ihrer Ziele getrieben hat, ist beim modernen Menschen zu einem sehr bewußt angepeilten Lebensinhalt geworden. Heutzutage ist ja fast ein jeder darauf aus, sein Selbstbewußtsein mit möglichst viel Erfolg zu füttern, damit sein Gewissen stets durch eine Anzahl von selbstzufriedenen Eindrücken beruhigt ist und so den von überall her drohenden Verunsicherungen zu trotzen vermag.

Bei all den Verlockungen von Anerkennung und Selbstbehauptung nimmt das Spiel mit der Lust nach dem Unbekannten, nach dem Unvorhersehbaren eine derart zentrale Stellung ein, daß man sich folgende Frage stellen muß:

Läßt man seine Nerven bloß deshalb so bereitwillig »kitzeln«, damit man in den sich zuspitzenden Konfliktsituationen lustbetonte Angstgefühle erleben darf?

Riskiert man nicht gerade dieses unberechenbare »bißchen mehr«, weil es die große Attraktion des wohligen Prickelns auslöst?

Irving Kaiser drückt dies sehr präzise aus: »Menschen sind bereit, Ungewißheit zu ertragen, um das Glück zu erleben, daß sie in Sicherheit sind.«

Und der Psychologe H. Berlyne meint folgendes: »Nicht die *Aufregung* als solche wird gewünscht, sondern die *Auflösung des Spannungszustandes.* Voraussetzung ist, daß die Erregung von angenehmer Natur ist, sich in gewissen Grenzen hält und rasch abgebaut werden kann.«

Demzufolge regen wir uns bloß deshalb so bereitwillig auf und suchen die knisternde Herausforderung noch weiter zu erhöhen, damit wir *nach* dem Umkehrpunkt das wohlige Gefühl des sukzessiven Nachlassens auskosten dürfen.

Dann ist aber der Spannungsaufbau nichts anderes als bloßes Mittel zum Zweck – und die Ziele sind beliebig austauschbar, weil das eigentliche Lusterlebnis die Rückkehr in die Ruheposition darstellt.

Dem mag wohl so sein, würde sich die Feder ständig in eine andere Richtung ausdehnen. Hat sie hingegen wenige bevorzugte Richtungen, d. h. liegen dezidierte Neigungsschwerpunkte vor, so sind mit den seelischen Schwingungen auch immer zusätzliche Erlebnisinhalte verbunden.

Unsere Erlebnisinhalte – die Herausforderung

Sich in seinen Handlungen ausdrücken, in kreativer Weise die eigenen Talente ausschöpfen, sich dem Abenteuer »Leben« offen stellen heißt, als Mensch seine Erfüllung zu finden. Bei Befolgung ist diese Naturnotwendigkeit *das* Lebenstherapeutikum schlechthin, bei Nichtbefolgung eine der tiefsten Ursachen des Empfindens, versagt zu haben. Menschen, die ihr Dasein nicht in die Hand nehmen, die davor zurückscheuen, es von sich aus aktiv und erlebnisreich zu gestalten, sind darin meist durch einen (oder mehrere) der folgenden Gründe blockiert:

- die Angst, beim Handeln Fehler zu begehen, für die sie zur Rechenschaft gezogen werden,
- eine gewisse, nicht zugegebene Verliebtheit in das eigene Trägheitsmoment,
- eine lässige Oberflächlichkeit,
- eine resignative Lebenseinstellung,
- grundlegende Zweifel am Sinn der Welt inklusive des eigenen Daseins.

Auf eine wesentlich kürzere Formel gebracht, sind es die beiden Fs, die uns das Leben schwer machen, wenn wir sie nicht in irgendeiner Weise abzuschütteln verstehen, nämlich

- die Feigheit

  und
- die Faulheit.

In diesem Zusammenhang muß man den Philosophen Karl Jaspers zitieren, wenn er sagt: »Grenzsituationen erfahren und existieren – ist dasselbe.« Unter

Grenzsituationen verstand er Leiden, Kampf, Schuld, Liebe, Todesnähe.

Wer sich also nie exponiert, wer nicht mutig, bisweilen übermütig und waghalsig handelt, wird solche Grenzsituationen nie erleben dürfen, wird sich folglich selber stets fremd bleiben, weil er sich ja – aus seiner eigenen Handlungsweise heraus – nie selber zu fassen bekommt.

Diese Betrachtung ist dem Kapitel vorangestellt, um zu dokumentieren, daß eine aktive Lebensgestaltung zusammen mit einem inneren Grundbedürfnis nach Spannung als formgebendes Merkmal aller am Fortschritt Interessierten anzusehen und daher einmal genauer zu untersuchen ist.

Gesichtspunkte des individuellen Spannungsbedürfnisses

Wie jeder höhere Organismus zu seinem Fortbestand regelmäßig Nahrung und Sauerstoff benötigt und der Geist in Ausrichtung auf Problembewältigung Wissen und Erfahrung sammeln muß, so verlangt auch die psychische Sphäre nach einem spezifischen Treibstoff, nach Erregung im weitesten Sinne.

Je nachdem, wieviel von diesem Reizhunger automatisch im Kampf ums Dasein abgedeckt wird, läßt der freie Wille den einzelnen mit den darüber hinausreichenden Energien über ein größeres oder kleineres Programm verfügen. Und auch dieses Quantum variiert im Laufe eines Menschenlebens naturgemäß. Abhängig ist die Investition der Überschußenergien von den individuellen Interessens- und Neigungsschwerpunkten.

Erfolgt seelisches Engagement bisweilen sehr spontan und basiert es auch manchmal auf recht intuitiven Voraussetzungen, so sind bei der prinzipiellen Festlegung der Langzeit-Erlebnisquellen höchst wesensspezifische Überlegungen maßgebend.

Hierbei kann man oft beobachten, wie das Anstreben eines maximalen Lustgewinnes im nachhinein mit »zurechtgebogenen« logischen Argumenten und bisweilen unter Berufung auf die Stimme des Gewissens jene Verschleierung erfährt, die eine gesellschaftliche Legitimierung ermöglicht.

Im Zuge welcher Entwicklungen es zu diesem, vielen Menschen völlig unbewußten, Bedürfnis nach der inneren Polarisation, die wir Spannung nennen, kommt, welche zeitlichen, örtlichen und sozialen Faktoren dabei eine Rolle spielen, wollen wir in den folgenden Betrachtungen von vorwiegend spekulativem Charakter eingehender beleuchten.

Historisch

Der Jäger und Sammler weit zurückliegender Jahrtausende hat gewiß ein hohes Maß an Anspannung zu bewältigen gehabt. Die Beschaffung von Nahrung und Kleidung und die Wahl einer geeigneten Wohnstätte waren der hauptsächliche Lebensinhalt unserer Urahnen. Darüber hinaus mußten sie das Erjagte, Gefundene und selbst Hergestellte mit den Mitgliedern der eigenen Sippe noch ständig gegen Angriffe von Mensch und Tier verteidigen.

Dies war wohl eine ganz beträchtliche natürliche Nervenbelastung, und doch hat es schon damals Abenteurer und Aggressoren gegeben, denen dieser Existenzdruck nicht genügte, die sich und ihr Umfeld nicht zur Ruhe kommen ließen.

Erst mit der Gründung der ersten Siedlungen, dem Zusammenschluß zu örtlich begrenzten Wohngemeinschaften, trat eine sichtbare Unterscheidung ein: Die seßhaften Mitglieder gingen der Beschäftigung mit Akkerbau und Viehzucht nach, die Rastlosen und Umherstreifenden waren die Abenteurer, die Eroberer. Damit sind auch schon die ersten »Berufe« der Menschheit aufgezählt: die Bauern und Hirten einerseits, die Handeltreibenden und Reisenden auf der anderen Seite.

Wahrscheinlich war niemals später in der Geschichte eine so klare Trennlinie zwischen geringem und stark ausgeprägtem Bedürfnis nach Spannung erkennbar wie in diesen Frühstadien der verschiedenen Kulturen.

Mit einer vertikalen Aufgliederung der ersten Gesellschaften in wenige, voneinander scharf getrennte Klassen begann eine uns heute kaum mehr vorstellbare Machtausübung der hohen Königs- und Priesterfamilien über niedere Volksschichten. Diese grenzenlose Macht war es, die an einigen Plätzen unserer Erde Monumentalbauten hervorbrachte, denen wir heute mit Staunen gegenüberstehen und die nur vage ahnen lassen, was für ein Gefälle zwischen einem Allmächtigen dieser Zeiten und einem Sklaven auf Lebensdauer bestand und wie unüberbrückbar solche Klassenschranken waren. Wer an der Spitze der Hierarchie saß, konnte unbeschränkte Befehle erlassen und jegliche Art von Arbeit und Diensten von Untergebenen verlangen. In Friedenszeiten gab es für diese dünne Schicht der Herrschenden kaum lebensnahe Sorgen, folglich hatten sich einige kompetente Gestalter um einen geeigneten Zeitvertreib zu kümmern:

Es wurden Theateraufführungen, Spiele und Wettkämpfe veranstaltet, womit man einem Gott-Kaiser Vergnügen bereiten durfte, unter der Anleitung von Gott-Priestern wurden Menschen- und Tieropfer dargebracht, alles auf Erbauung und Zufriedenstellung der Allerhöchsten dieser Frühgesellschaften ausgerichtet. Es ist klar, daß diese nach immer originelleren und tolleren Spektakeln verlangten und daß ihre Schauspiele recht bald von fremden Völkern nachgeahmt wurden und dadurch eine beachtliche Verbreitung erfuhren.

Später dann gaben die Regenten solch aufwühlende Spiele für ihre Untertanen anläßlich errungener Siege oder um von Mißständen abzulenken. So manche blutrünstigen Menschenfeste konnten aber nur deshalb durchgeführt werden, weil man eine Kategorie »Menschen« als seelenlos abstempelte, weil man ihnen keine humanen Eigenschaften und somit auch keinen Wert zubilligte. Folglich konnte man sie leichten Herzens und ohne Skrupel zum Gaudium der Massen an die Tiere verfüttern.

Dies hat im Mittelmeerraum vor nur 2000 Jahren stattgefunden, also lange nachdem sich ein gezieltes Verlangen nach Anregung und Kurzweil geformt hatte. Es wurde bloß verfeinert, aus dem Reizhunger entstand ein Reizappetit von Gourmets ...

Sorgten in Kriegszeiten stets Kampfhandlungen und Eroberungen für herausragende Erlebnisse, so war das Gegengewicht in Friedenszeiten durch die Jagd, die Erotik und diverse Spiele gegeben.

So mußten in Kulturvölkern zu allen Zeiten Gelegenheiten geschaffen werden, wo sich – beim einzelnen und bei den Massen – der Nervenkitzel mehr und mehr steigern und sich endlich in wenigen erlösenden Momenten, gleich einem bunten Feuerwerk, entladen konnte. Sind die Spannungsmomente bei den Naturvölkern bis heute auf kultische Ereignisse, auf Kampf um Hierarchie und Lebensraum beschränkt geblieben, haben die Zivilisationshirne stets einen anspruchsvolleren und raffinierteren Zeitvertreib ausgeheckt.

Im eurasischen Raum prägten in den ersten nachchristlichen Jahrhunderten Völkerwanderungen, Glaubenskriege und Eroberungsfeldzüge einen Menschentyp, der durch ein ausgefülltes Leben und einen starken Glauben gekennzeichnet war. Pflichtbewußtsein, Selbstdisziplin und Arbeitsamkeit waren die Pfeiler eines hohen Ehrenkodexes, und es galt in verschiedenen mittelalterlichen Völkern beinahe als lästerlich, sich zu sehr um anregende Vergnügungen und Kurzweil zu bemühen. Ausnahmen waren, wie in den bereits zuvor beschriebenen Zeiten, die Herrscherhäuser. Mit der Verbreitung des gedruckten Wortes, mit der Erschließung neuer Kontinente, mit dem Gedankengut des Humanismus begann alsbald ein Aufbruch und ein Staunen und damit verbunden eine Umstrukturierung der menschlichen Seele. Der extrem verinnerlichte, gottesfürchtige, abergläubische Mensch mit all seinen unbewußten Zwängen konnte plötzlich aus sich heraus, brauchte sich seines Menschseins nicht mehr zu schämen, konnte lesen, reisen, spekulieren und spintisieren, war am Fortschritt interessiert und durfte sich seiner Neugierde freuen! Er stand, zu seinem eigenen Erstaunen, plötzlich im Zentrum.

Dies war der Zeitraum des steilsten Anstiegs eines allgemeinen Spannungsbedürfnisses. Vom 16., 17. Jahrhundert an nahm es auf breiter Basis stetig zu und erfuhr bis in unsere Tage bloß eine Auffächerung der Befriedigungsmöglichkeiten. Erst kürzlich zeigte die Entwicklung beim Zivilisationsmenschen zwei wesentlich neue Züge: kurzfristiger Spannungsaufbau, der nach sofortiger Befriedigung verlangt, und ein gut überblickbares, somit auch leicht kontrollierbares »Abenteuertum«. Ersteres hängt mit der Materie-Werdung der Zeit zusammen. Das Verfügen über Zeit ist zu einem hochtaktischen Prozeß geworden, der bei Fehlkalkulationen meist Folgen in Form von Unlustgefühlen nach sich zieht. Infolgedessen drängen sich kurzfristige Erregungszustände mit Spontanentladungen auf, die jederzeit abzubrechen sind und Konzentration und Gedächtnis nicht allzusehr belasten.

Die moderne Sucht nach einer Vielfalt von Erlebnissen entspringt wahrscheinlich einer allgemeinen Übersättigung, das Anstreben von vielen Mini-Abenteuern einem immer deutlicher werdenden Mangel an Mut beim Einzelmenschen. Ein hohes Maß an Selbstsucht und Eigenliebe errichtet besondere Schutzeinrichtungen, die alles, was das Ego nur im geringsten gefährden könnte, rechtzeitig auf Distanz bringen. So läßt eine immer breitere Schicht von Menschen, die ihr Leben mit einem Korsett von gepflogenen Sicherheiten und sterilen Gewohnheiten umgeben, Neues nur mit äußerster Skepsis und Vorsicht an sich heran. Sie alle sind die Dompteure, die es vorziehen, ihre Dressurakte von außerhalb des Käfigs durchzuführen, die in ihren Erzählungen aber die Köpfe ständig in fauchende Löwenmäuler stecken.

Robert Musil hat dieses Charakteristikum treffend ironisch dargestellt, als er sagte: Der moderne Mensch ist feig, aber er läßt sich gerne zum Heroismus zwingen.

Zusammenfassend kann festgestellt werden, daß seit den Anfängen der Geschichtserfassung das Bedürfnis nach Mobilisierung jenes Aktivrestes, der über das Überlebenspotential hinausgeht, parallel mit der Entwicklung der geistigen Kapazität und dem Bewußtsein um die eigenen Fähigkeiten vorangeschritten ist. Dies ging stetig, wahrscheinlich in gewissen Stufen, vor sich und erfuhr seinen steilsten Anstieg mit der Emanzipation des Individuums am Beginn der Neuzeit.

Ideologisch – weltgeographisch

Eine Analyse nach diesen Kriterien mag auf den ersten Blick befremdend anmuten, doch ist ein weltweites West-Ost-Gefälle und in Europa ein gewisses Süd-Nord-Gefälle nicht so ohne weiteres vom Tisch zu wischen.

Haben wir die Weltkarte mit dem Greenwich-Meridian in der Mitte vor uns, so verläuft auf der nördlichen Hälfte, einige Längengrade von der Null-Linie entfernt, die Grenze zwischen jenen Staaten mit in freien Wahlen gebildeten Regierungen und solchen, die nach totalitären Mustern geführt werden.

Mehr als die Hälfte des europäischen Kontinents und gut zwei Drittel des Molochs Asien bewohnen von sozialistischen Regimen regierte und dirigierte Menschen. Daneben befinden sich noch die Mehrzahl des staatenreichen Afrika und wenige mittelamerikanische »Republiken« in einer mehr oder weniger verdeckten Moskau- oder Peking-Abhängigkeit, so daß an freien De-

mokratien auf der Karte nur noch folgendes übrigbleibt:*
- der amerikanische Doppelkontinent (mit einigen Ausnahmen in Mittel- und Südamerika),
- Westeuropa,
- Australien, Neuseeland,
- ein Großteil Ozeaniens,
- die fast durchwegs dünnbesiedelten Gebiete des Nahen Ostens,
- wenige afrikanische und südasiatische Nationen.

Was soll nun diese Bestandsaufnahme vom Ende der 80er Jahre nach dem Gesichtspunkt von Ideologien?

Eine Vorwegnahme der Tatsache, daß dem freien persönlichen Entscheid über Berufswahl, Standort, Reisebeweglichkeit und der Art von Freizeitbeschäftigungen in einem totalitären Staat Grenzen gesetzt sind. Dadurch werden rein ethnisch-geographische Betrachtungen von vornherein überlagert.

Das Belieben des einzelnen in einem Einparteienstaat ist stets auf die Nützlichkeit für das System abzustimmen, wobei der Dienst an der Produktion allgemeiner Konsumgüter ausnahmslos im Vordergrund zu stehen hat. Die freie Willensentfaltung wird durch zwei weitere Faktoren beeinflußt: nämlich daß bei einem staatlich genauestens kontrollierten Verhalten des Individuums ständig Verteidigungsmechanismen für »nichtkonformistisches Verhalten« zur Hand sein müssen und daß man in einigen Staaten eine schier unerschöpfliche Geduld bei der Befriedigung der Grundbedürfnisse aufbringen muß. Lädt die Führung dem Bürger solcherart

* Laut UNO-Statistik gibt es überhaupt nur 26 echte Demokratien auf der Welt.

ein hohes Anspannungspaket auf und predigt absoluten Gehorsam dem Staat und der Partei gegenüber, so wird der einzelne selbst nicht gar zu weit über den zur Lebenserhaltung notwendigen Energieverbrauch hinaus disponieren können und schließlich gar nicht mehr wollen. Da sich jeder Organismus vorrangig auf das Abfangen von Standardsituationen einstellt, bleibt dem Anteil an Anregung zu eigeninitiativer Entwicklung eine recht schmale Bandbreite vorbehalten. Dies ist eine Tatsache, auf die viele Kritiker die offenkundige Stagnation so mancher Kollektivapparate zurückführen.

Ein durch einen hohen Anteil an Muß-Bewältigung angekurbelter »Westler« hingegen wird im Chaos seiner darüber hinausgehenden Selbstverordnungs-Spannung entweder versinken oder aber durch Perioden einer Zurücknahme der Gesamtbelastung eine ungeahnte Inspiration erfahren. Mit einem Satz: Fluch oder Segen uneingeschränkter Freiheit ...

Entfernt man nun das Deckblatt der Ideologien und der mit ihnen verbundenen politischen Systeme und widmet man sich dem Ort der kulturellen Zugehörigkeit und gefühlsmäßigen Verbundenheit, so gelangt man zwangsläufig zu Thesen, die den Charakter von Völkern und größeren Volksverbänden zur Grundlage haben.

So spielen bei diesen Erwägungen ethnischer Natur sicherlich Seßhaftigkeit beziehungsweise Eroberungsdrang der Vorväter eine entscheidende Rolle. Je abenteuerlustiger und risikofreudiger jene ihre Heimat verließen, desto mehr Spannungsbedürfnis wird man bei ihren Nachfahren in der Jetztzeit vorfinden und umgekehrt.

Als Beispiel seien die Ureinwohner Australiens, die

Aborigines, angeführt. Sie blicken auf eine lange Migration in einem relativ eng begrenzten Gebiet zurück, sie drängten nie aus ihrem Kontinent hinaus, lebten Jahrtausende von der Jagd und dem Sammeln von Früchten. Zugegeben: sie trugen nie etwas dazu bei, was wir heute Fortschritt nennen, aber sie waren friedfertig und selbstzufrieden. Bis der weiße Siedler seinen Aktionsdrang in Missions- und Zivilisationstätigkeiten an ihnen auszutoben begann. Dies mußte dann sehr bald zum Niedergang eines der ältesten Völker dieser Erde führen.

Die Chinesen haben einen Fluch, der lautet: Mögest du in einem wichtigen Zeitalter wiedergeboren werden. Sie wünschen damit dem Betroffenen keine Gelegenheit zu beschaulicher Muße in einem weiteren Leben. Selten hat dieses Volk im Laufe seiner langen Geschichte Grenzen überschritten und beinahe nie Eroberungskriege begonnen. Dasselbe gilt für Japan (mit einigem Vorbehalt) und die meisten Staaten Südostasiens. Sie alle pflegten, dank ihrer Religion und des damit verbundenen Brauchtums, Demut und Genügsamkeit und kultivierten nie Bedürfnisse in einer Weise, wie dies stets die Völker der westlichen Hemisphäre getan haben.

Eine Ausnahme in dieser Betrachtung bilden die Mongolen, die sich im 13. und 14. Jahrhundert unter Dschingis-Khan und dessen Enkelsöhnen eines der größten Reiche untertan machten, die je existierten. Heute sind die 1,5 Millionen Mongolen wohl eingebettet zwischen den beiden Riesen Volksrepublik China und der UdSSR. Sie verspürten in der Zeit nach der Hochblüte ihres Imperiums kaum Expansionsgelüste, standen doch den Überresten ihres Nomadentums überaus große Flächen zur Verfügung.

Die Völker des Buddhismus, Hinduismus und Islam werden im Kapitel »Religion« besprochen, weil diese die eindeutig stärkeren Bande in ihrem Leben darstellt.

Ein Gitterwerk von neuen und neuesten Grenzen überspannt den Kontinent Afrika, dessen Hauptgliederung auf der Hand liegt: der arabisch-islamische Norden, die sogenannten schwarzafrikanischen Staaten und die Republik Südafrika.

Letztere ist wohl infolge der Herrschaft einer weißen Minderheit über eine alteingesessene dunkelhäutige Bevölkerung einer der chronischen Krisenherde der Weltpolitik. Ihre Menschen sind wie alle, die in latenten, örtlich begrenzten Krisenzonen leben, von keinem außergewöhnlichen Streben nach Auf- und Anregung geleitet. Darauf wird aber im Kapitel über Kriegssimulation noch näher eingegangen werden.

Dies- und jenseits des Äquators sind zahlreiche Völker und Stämme angesiedelt, die dem »weißen Mann« vorerst fremd, gefährlich und faszinierend, später aber dienlich erschienen. Aus Neugierde ist er in ihren Lebensraum eingedrungen, aus opportunistischen Motiven ist er gleich dort geblieben, indem er ein außerordentliches Sendungsbewußtsein an seine Fahnen heftete. Diese weitgefächerte Kolonisierung mußte, als ihre Ziele offenkundig wurden, zwangsläufig zu einer Übernahme der Herrschaft durch ansässige Gruppen führen. Gut ein Jahrhundert hat der Weiße sein Denken und Handeln in die verschiedenen Regionen »Schwarzafrikas« hineingetragen, hat von der Notwendigkeit militärisch bewachter Grenzen und von der Nutzung der Bodenschätze zu überzeugen versucht – so lange, bis er das Feld räumen mußte. Hinterlassen hat er unter anderem eines: über die Maßen der natürlichen Lebensnotwendigkeiten hinausgehende Bedürfnisse und Ansprüche, die keinesfalls auf den eigenen inneren Antrieb der »betroffenen Afrikaner« zurückzuführen sind, weil diese sich in so kurzer Zeit damit gar nicht identifizieren konnten. Somit wird bloß eines zurückbleiben, eine tiefsitzende Unzufriedenheit.

Unterscheidungsmerkmale, basierend auf Begegnungen mit den Spätkolonisatoren, lassen zwei Typen von Afrikanern vor uns erstehen:

- die einen, die sich, nolens volens, stets an die Weißen anlehnen und diese bewußt oder schon unwillkürlich imitieren, und
- die anderen, die ihr Leben, unabhängig von den Eindringlingen, als Hirten, Jäger, Buschmänner, Siedler oder Nomaden frei gestalten.

Der erste Typ wird möglicherweise ein hohes Spannungsbedürfnis entwickeln, das ihm aber insofern hinderlich ist, als es ihn in seiner gewohnten Umgebung in einen Dauerkonflikt mit seinesgleichen bringt; letzterem wird sein Dasein als Teil der Natur auch weiterhin vollauf genügen.

Schon sind wir auf unserer Blitz-Weltreise beim Großkomplex Westeuropa, Nordamerika und – mit gewissen Einschränkungen – Mittel- und Südamerika angelangt, einem Gebiet, wo wir mit Sicherheit die extremsten Beobachtungen anstellen können.

Dies ist der Verbreitungsraum vornehmlich eines hellhäutigen Menschentypus, der sich dadurch auszeichnet, daß aus ihm berühmte Feldherrn, Forscher, Seefahrer, begnadete Künstler, Erfinder und Denker genauso hervorgegangen sind wie Taugenichtse und Gewaltverbrecher. Diese hellhäutigen Menschen sind wahrscheinlich um nichts besser oder schlechter als alle anderen, und doch verstanden es gerade einige von ihnen im Laufe der Weltgeschichte immer wieder besondere Akzente zu setzen. Zum Guten wie zum Schlechten, unter Selbstaufopferung oder einer Intuition nachgebend ...

In jedem Falle aber waren es Schicksale, die getrieben wurden von einer inneren Feder, die die Grenzen ihrer Fähigkeiten und Möglichkeiten herausfinden *mußten*. Die Mut, Ehrgeiz, Kraft, Verstand und Phantasie in die Waagschale warfen, um Neues zu erforschen, um Neues zu schaffen.

Vielleicht ist es nur dieses Bewußtsein um die außerordentliche Flexibilität der eigenen Feder, die ein Gefühl der Überlegenheit schuf. Und mit diesem Gefühl der Überlegenheit im Hintergrund spannte sich der Bogen immer wieder zu neuen Leistungen, zu Leistungen, die beachtliche Ergebnisse hervorbrachten, vorsätzliche oder vom Zufall gesteuerte Resultate – zum Guten wie zum Schlechten der gesamten Menschheit ...

Es wird auch weiterhin so sein – diejenigen, die sich zeitgerecht am besten zu stimulieren verstehen, werden auch in Zukunft Bedeutendes und Entsetzliches ins Werk setzen, und alle übrigen werden denken, dazu hätten auch sie selbst imstande sein können – eigentlich. Denn im Grunde legt es jeder Mensch darauf an, *einmal* im Leben etwas Besonderes aus sich herauszuholen. Bei vielen entwickelt sich dieses Streben zu einem ständigen Druck, bei manchen tritt es sporadisch auf, und bei anderen bleibt es beim bohrenden, selten erfüllten Ehrgeiz. Und so stehen sie schon alle vor uns – all die, die triebbedingt im oberen Teil der Spannungsbedürfnis-Skala angesiedelt sind: die Hochfrequenz-Typen:

Der Chaot, der Fanatiker, die Gesellschaftsnudeln,

die seelischen Selbstverstümmler, die Kriegshetzer und Terroristen. Die Ausgeglichenen, Besonnenen und Angepaßten müssen mit ihnen leben – und umgekehrt! Zum Bestmöglichen der gesamten Menschengemeinschaft ...

Nun zu den geographischen Gesetzmäßigkeiten: Auf den drei südlichen Halbinseln Europas wohnen Menschen, die mit Recht stolz darauf sind, daß auf ihrer Erde die Wiege der westlichen Kultur stand. Ihr Traditionsbewußtsein, ihr »noch« strenger Ehrenkodex lassen sie von Kindheit an in einem ziemlich starken Spannungsfeld aufwachsen, das durch ein extremes Klima noch verstärkt wird. So steht der Südländer in scharfem Kontrast zum logischen, gefühlskontrollierten Europäer nördlicher Breitengrade und ist von der Veranlagung her wesentlich spannungsanfälliger. Dies bestärkt auch die These von der vererbten Disposition für Wagnisse und Nervenkitzel, stammten doch fast alle Entdecker und Forscher des Altertums und Mittelalters aus den Reihen der Griechen, Römer, Spanier und Portugiesen.

Auf dem amerikanischen Kontinent spielen zwei Fakten eine wesentliche Rolle:

- das Vorhandensein von Resten einer Urbevölkerung und
- die in früheren Jahrhunderten als Sklaven verschleppten Afrikaner.

In Mittel- und Südamerika kommt noch als Erschwernis für die Feststellung von einheitlichen volkscharakteristischen Merkmalen folgendes hinzu:

1) frühkolonisatorische Interaktivitäten,
2) eine mit vielen Natur- und Aberglaubenselementen durchsetzte Religiosität,

3) fehlende Kontinuität von Staatsführungen,
4) gegenwärtige starke Einflußnahme von Staatsführungen und kommerziellen Interessengruppen.

Somit kann insgesamt nur eine generelle Aussage getroffen werden, nämlich die, daß ursprüngliche Merkmale der Kolonisatoren sporadisch noch zu erkennen sind, daß diese sich größtenteils modifiziert oder in einer Weg-vom-Mutterland-Bewegung polarisiert haben. Noch heute sind manche der gar nicht mehr so jungen Nationen darin verstrickt, sich ein eigenständiges Nationalbewußtsein zu schaffen, was ihre friedliche Existenz und Koexistenz sehr stark behindert.

Den Ton in vielen dieser Länder geben Lobbies aus der »alten Welt« an, die sich in Ausübung ihrer Macht einem hohen Spannungsfeld aussetzen. Das hat zur Folge, daß in all den materialistischen Oligarchien ein Parallelverhältnis zwischen einerseits hohen gesellschaftlichen Positionen und einem damit verbundenen angeheizten Reizhunger und andererseits einem enormen sozialen Druck und reinem Überlebenskampf herrscht.

Jede Generalisierung ist absurd – selbst diese ... meint ein ironischer Aphorismus, und nichts kann durch seinen Inhalt mehr aufs Korn genommen werden als eine Allgemein-Charakteristik von ganzen Völkern oder gar Gruppen von Völkern.

Ohne Standardisierung einiger Wesenszüge sind aber Zusammenhänge und Hintergründe schwerlich zu durchschauen. Warum solche Überlegungen überhaupt angestellt werden, hat seinen Grund darin, daß sie jedem einzelnen, denkenden Menschen klar werden lassen sollen, wo und wie seine ethnische Gruppe einzuordnen ist in dem Orchester von über fünf Milliarden

Mitspielern und warum ein Gesprächspartner vom anderen Ende des Globus so verschieden von ihm selbst handelt und spricht.

Das ist wichtiger, als es auf den ersten Blick scheinen mag, denn eben diese geistige Auseinandersetzung stellt die Grundvoraussetzung für ein vernünftiges Zusammen- und Miteinanderleben dar.

Stadt – Land

Vor dem Hintergrund dieses Gesichtspunktes läßt sich eine wohl eindeutige Aussage treffen:

Je geringer das Bedürfnis nach Reizen verschiedenster Art ist, desto dünner besiedelte Gebiete werden für Wohn- und Aufenthaltsort gewählt. Auch der Gegenschluß ist zulässig, nämlich daß alle Hochfrequenz-Typen hauptsächlich in Großstädten anzutreffen sind. Man wird wenige Menschen mit einem Drang zu Aktiv-Engagement und auch nicht solche mit einer starken Neigung zur Passivunterhaltung in Siedlungen oder kleinen Dörfern fernab von Ballungsräumen vorfinden. Sie alle brauchen die Maschine Großstadt mit all ihren Geräuschen und Gerüchen ebenso wie die Vielzahl von Freizeitbeschäftigungen, die Geometrie der Bauwerke und die Auswahlmöglichkeiten beim Einkauf. Ihr stummer Gott ist die Uhr, ihre Rennbahn der Asphalt, ihre Lieblingsflächen die vorbeihastenden Gesichter. Vor etwa 7000 Jahren fanden die ersten Siedlungsgründungen im Zwischenstromland statt, und in der Zeit, die seither vergangen ist, hat die Evolution genügend Gelegenheit gehabt, den Homo urbanus auf ein soziales Verhalten im dichten Gewirr von seinesgleichen hinzutrimmen.

Aus den frühen Interessengemeinschaften, die eine Arbeitsrationalisierung zum Zwecke hatten, sind in den letzten Jahrzehnten aneinander gewöhnte Wohngemeinschaften geworden, Bienenhäuser mit immer seltener korrespondierenden Interessen. Zum Ausgleich wird ein großer Reizhunger sofort und auf der Stelle ausgiebig gestillt. Keine Leerläufe, keine Langeweile – dafür viel Unterhaltung, viel Ablenkung.

Man darf aber die Stadt nicht nur vom zynischen Standpunkt des Jetztzeit-Menschen sehen: Geherrscht wurde immer von den Städten aus, und diese waren es auch, wo Kultur und Wissen jeglicher Art zu allen Zeiten zum Durchbruch gelangte.

So waren die Überlieferer und das zu tradierende Gut stets an Plätzen höchster Dichte zu finden, und dies ist nicht aus purem Zufall auf die größere Häufigkeit menschlicher Kontakte zurückzuführen.

Das Landleben hat schon von jeher eine starke Faszination ausgeübt, nur haben viele Bewunderer es »nervlich« nicht allzu lange durchgestanden. Heute ist es mehr und mehr die Kontrastphantasie komplizierter Stadtbewohner und nicht – wie bis ins Mittelalter – ein Ineinander von Natur und Kultur. Auf die Dauer zuviel »Gegend« und zuwenig Aktion – lauten meist die stillen Beichten derer, die wieder in die Großstadthektik zurückflüchten. Die Leute auf dem Land sehen den Städter als romantisches Verstellungs-Chamäleon, das in ihre Gefilde hineintapst, sich mit »Landerlebnissen« vollpumpt, und dies in der ständigen Gewißheit einer baldigen Rückkehr in den Trubel genießt. Sehr skeptisch steht man der urbanen Begeisterung gegenüber, weil sie – meist holprig gebracht – so manches Nebensächliche als wunderbar und einmalig erstehen läßt und weil sie sich stets in städtischen Superlativen ergehen muß.

Umgekehrt – wer kennt nicht das verwirrte Gesicht des huttragenden Landmannes, der mit schreckgeweiteten Pupillen ein Verkehrschaos heraufbeschwört und sich über das verständnislose Kopfschütteln rundherum nur wundern kann ...?

Steht dem Städter eine weite Palette von interessanten Dingen, Menschen und Veranstaltungen hautnah zur Verfügung, so hat der ländliche Bewohner, speziell wenn er in einem bäuerlichen Betrieb arbeitet, einen vorrangigen Anspannungsfaktor zu bewältigen: die für seine Arbeit so wesentliche Wetterlage. Dieser ständige Druck, gepaart mit harter körperlicher Arbeit, ist wahrscheinlich allein dafür verantwortlich, daß daneben nicht sehr viel Zusatzspannung angestrebt wird.

Am treffendsten ist diese Betrachtung sicherlich mit einem lateinischen Ausspruch zu beschließen: Suum cuique – jedem das Seine.

Alter

Bei allem menschlichen Leben treten die ersten Belastungen bereits Monate vor der Geburt im Mutterleib auf. Als Teil des Organismus ist der Embryo zu einem gewissen Grad den mütterlichen Gefühlen und Stimmungen unterworfen. Bis ins Alter von etwa eineinhalb Jahren entstehen beim Kleinstkind bloß dann Spannungszustände, wenn die Grundbedürfnisse Hunger, Durst oder Schlaf unbefriedigt bleiben oder wenn es unter Schmerzen leidet. Mit den ersten Interaktionen Kind–Umwelt und dem Beginn der Erfahrungswelt setzt schon recht bald ein ausgeprägtes Bedürfnis nach Erlebnissen ein, welches wenig später seinen Ausdruck im Verbalen findet.

Am Beispiel des heranwachsenden Kleinkindes können wir etwas erkennen, was für viele Erwachsene symptomatisch ist: nämlich wie sich beim Essen der Appetit einstellt.

Diese drolligen Knirpse werden durch die Vielzahl an Eindrücken so sehr stimuliert, daß sie des öfteren in einen wahren Erlebnisrausch hineinschlittern. Besonders gut zu beobachten ist das, wenn der Tag zur Neige und mit dem Ins-Bett-Gehen ihre Aktionskette einem natürlichen Ende entgegengeht. In diesen Augenblikken eskaliert der Drang, noch möglichst viel »action« vorm Schlafen unterzubringen.

Mit Kindergarten- bzw. Schulbeginn tritt dann die Pflicht und mit ihr eine gehörige Portion Anspannung in das junge Menschenleben. Für Stunden wird die häusliche Geborgenheit täglich unterbrochen, denn von nun an gilt es, sich draußen unter seinesgleichen zu bewähren. Mit Hilfe elterlicher Anleitung soll ein Modus gefunden werden, wie die weitere Erfassung der Umwelt mit dem Leistungsdruck, der von der Schule ausgeht, vereinbart werden kann. Noch schwankt das Pendel Pflicht–Neigung bei den meisten Kleinen mehr in Richtung Spiel und Unterhaltung. Der Ernst des Lebens beginnt jedoch bald mit den ersten Zeugnisnoten.

Das Maß an naturgegebenen Belastungen wird über die Ausbildung hinaus in die Anfänge der Berufskarriere, mit einer eventuellen Familiengründung und der damit verbundenen Verantwortung stetig anwachsen, irgendwo zwischen dem 20. und dem 45. Lebensjahr ein

Maximum aufweisen und dann allmählich abnehmen. Die Gründe für diesen Rückgang sind vielschichtig:

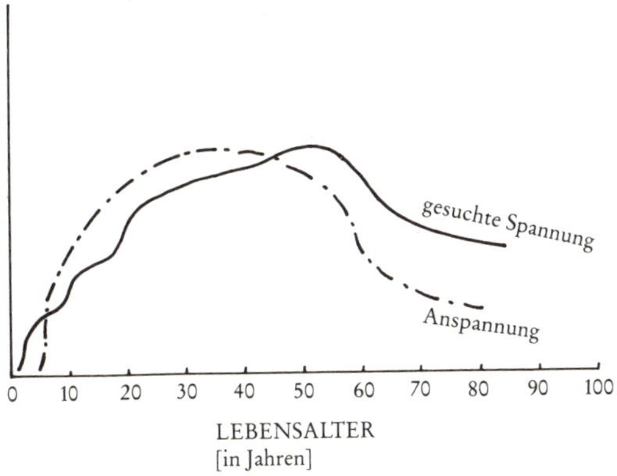

Die erworbene Routine ermöglicht es dabei, jede Problematik zu reduzieren und sie energiesparend zu lösen, der Aufwand kann in einer harmonischen Gemeinschaft mit dem Partner oder schon mit den Kindern als Partner gerecht aufgeteilt werden. Und schließlich rät einem eine innere Stimme, mit den Energien von nun an äußerst rationell umzugehen und Punkte am unteren Ende der Prioritätenliste von Zeit zu Zeit auszuscheiden.

Ab dem Eintritt in den Ruhestand fällt ein Großteil des gesamten Verantwortungskomplexes verständlicherweise weg, ein gewisser Rest wird jedoch auch weiterhin verbleiben – als allgemeine Existenzsorge, die – kommt sie in vernünftigen Maßen zum Tragen – einen gesunden Schutzinstinkt für den Lebensabend darstellt.

Eine recht aktive Reizsuche setzt bereits vor dem Ende des zweiten Lebensjahres ein und zeigt anfänglich einen steilen Anstieg, der erstmalig durch den neu hinzukommenden Pflichtanteil etwas gebremst wird. Danach tritt, als Folge des schulischen Konkurrenzphänomens, eine weitere rapide Entwicklung ein, die abermals eine Verflachung erfährt, nämlich wenn in der spätpubertären Phase das Weltbild bereits schemenhafte Umrisse zeigt und der junge Mensch seinen eigenen Standort darin zu erforschen trachtet. Nach einer Periode, die ein neues Körpergefühl mit sich bringt, tasten vorsichtige Blicke in das eigene Innere die ersten Gleichgewichtseinstellungen ab und trachten die Gründe für so manche unkontrollierten Abweichungen zu erfassen.

Mit der beruflichen und familiären Etablierung beginnen sich – nach einer anfänglichen Einschränkung infolge einer neuen Lebensform – auch neue Aspekte einzustellen. Bedürfnisse verlagern sich, eine Anzahl weiterer kommt hinzu. Der Mensch möchte nun seine »schönsten Jahre« genießen, seine Leistung für die Gesellschaft will er vergütet wissen durch ein Anrecht auf Unterhaltung und Ablenkung. Freilich diese Einstellung trifft man vorwiegend in den Industrieländern an, sie findet dort meist auch noch eine Steigerung in der sogenannten Midlife-crisis, damit ist aber auch schon das Maximum an selbstverordneter Spannung erreicht.

Nach dem Ende des Arbeitslebens fällt auch diese Kurve, vorerst etwas steiler, dann immer flacher, ab, um sich schließlich einer Untergrenze zu nähern.

So wie sich die Kinder mittels Neugierde und Wissensdurst in die Welt hinauskatapultieren, so ähnlich rasch verfällt der Erlebnishunger und das Reizverlangen bei älteren Menschen.

Zu ihrer bitteren Enttäuschung werden sie manchmal zu ganz hilflosen, passiven Konsumenten eines sie unbedingt miteinbeziehenden Freizeitmarktes gestempelt. Je gefestigter ihr Urteilsvermögen ist, je mehr Interessen sie sich bewahren, desto weniger anfällig sind sie aber für Monotonie und Depressionen. Das Alter hat nämlich auch etwas Faszinierendes an sich:

Daß es den Großteil des Lebens schon bewältigt hat!

Und Benjamin Franklin hat einst dazu folgendes festgestellt: Am Ruhestand ist nichts auszusetzen, solange man ihm *nicht* gestattet, daß er uns bei der Arbeit stört.

Religion – Ethik

Religion ausüben heißt, sich im Denken, Fühlen, Wollen und Handeln auf überirdische Mächte auszurichten, und beinhaltet die stärksten metaphysischen Elemente im menschlichen Dasein. Seit etwa drei Millionen Jahren geht der Vorläufer der Gattung Mensch aufrecht, seit zirka sieben Jahrtausenden gibt es eine belegbare Geschichte, und erst vor knappen 4000 Jahren begannen sich die Hochreligionen zu formen. Dies wird deshalb besonders herausgestrichen, um auf das verhältnismäßig späte Auftreten der niedergeschriebenen Religionen in der Evolutionsfolge aufmerksam zu machen.

Von den Hochreligionen sind je drei westlich und östlich des – von Religionswissenschaftlern willkürlich als Trennlinie angenommenen – Hindukusch-Gebirges entstanden:

- die östlichen Religionen des ewigen Weltengesetzes (Buddhismus, Brahmanisimus bzw. Hinduismus und die Lehren, die sich aus der Metaphysik des chinesischen Universismus ableiten) und
- die westlichen Religionen der göttlichen Offenbarung (Judentum, Christentum und Islam).

Die in Südost- und Mittelasien beheimateten Buddhisten sind überzeugt von der Vergänglichkeit und letztlich der Sinnlosigkeit aller irdischen Erscheinungen, auch der des eigenen Lebens. Für sie ist das höchste Ziel, den Zyklus der Wiedergeburten zu beenden und ins Nirwana aufzusteigen. Ihre Heilslehre legt ihnen das Ablegen aller Begierden und Leidenschaften nahe, was sich in einer ruhigen, kühlen und klaren geistigen Haltung zur Daseinsbewältigung ausdrückt. Buddhisten sind fast ausnahmslos heitere und ausgewogene Menschen, die ihre positiven Gemütsstimmungen und ihre Seelenruhe dafür einsetzen, die Unzulänglichkeiten des Lebens zu verkraften. Emotionelle Spannungsfelder streben sie bloß im Zuge von religiösen Übungen an, bei denen selbstdisziplinäre Momente im Vordergrund stehen.

Nach dem chinesischen Gesetz des Universismus bilden Himmel, Erde und Mensch die drei Komponenten eines einheitlichen Alls; die unter dem Einfluß von Konfuzius und Lao-Tse daraus entstandenen Moraltheorien nehmen, wie alle östlichen Religionsphilosophien, einen anfang- und endlosen kosmischen Prozeß als Grundlage an. Die Anhänger der beiden Religionen Konfuzianismus und Taoismus sind eher praktisch-nüchterne Gegenwartsmenschen, die ihre Erfüllung sehr wohl in einem diesseitigen Leben erwarten. Dadurch weisen die Gläubigen eine charakterliche Ähnlichkeit und manche der ostasiatischen Länder eine hohe Affinität zum »Westen« auf.

Der dem Brahmanismus zugewandte Hindu steht dazu im scharfen Gegensatz. Er ist ein in Jenseitshoffnungen schwelgender und sich in mythologische Phantasien ergebender Frommer, dessen Leben sich nach den strengen Vorschriften des Kastenwesens zu gestalten hat. Somit ist er von bis ins intimste Detail hineinreichenden religiösen Ritualen derart geprägt, daß ihn die Pflichterfüllung in einen Dauerzustand hoher Anspannung versetzt. Seine nach außen gezeigte weltabgewandte Beschaulichkeit und Melancholie lassen auf keinen nennenswerten Reizhunger schließen.

Sämtliche drei westlichen Religionen der geschichtlichen Gottesoffenbarung haben vom Vorderen Orient ihren Ausgang genommen. Legen die Gottesideen der östlichen Glaubenslehren das Hauptgewicht auf das immerwährende, unveränderliche Sein eines leidenschaftslosen Geistes, so ist der Gott der Juden, Christen und Moslems von einem gerechten Willen gelenkt, der sich in der Schöpfung der Welt kundgetan hat. Zwischen Erstehen und Vergehen findet die Weltgeschichte einmalig und unwiederholbar statt. Dieser einzigen Welt, nämlich unserem Erdenplaneten (ebenfalls im Gegensatz zu Hinduismus und Buddhismus) ist ein historischer Ablauf vorgegeben. Damit hat der Glaube den Anhängern der Offenbarungsreligionen ein Denken in Raum und Zeit vermittelt, und diese Art zu denken hat im Zusammenwirken mit einem dem eigenen Gott nachgeahmten Willen im Laufe der Geschichte die Grenzen der geistigen und seelischen Kräfte festgelegt. Sowohl zum Guten als auch zum Schlechten aller Menschen auf Erden ... Am Islam ist stets die Übernahme von jüdischen und christlichen Glaubenselementen kritisch bemängelt worden, ferner wird vielen Moslems das Fehlen von eigeninitiativer Lebensgestaltung infolge einer totalen Schicksalsergebenheit vorgeworfen. Bedenkt man aber die teilweise extremen klimatischen Verhältnisse, die in den Ursprungsländern herrschen, so kann man den Koran als ein Regelwerk für ein beschwerliches Dasein schon eher verstehen.

Der christliche Glaube erlebte seinen größten Aufschwung mit einer Wiederbelebung der mythologischen Vergangenheit des antiken Menschen in der Renaissance und ist nach einer Zeit absoluter Weltbeherrschung in eine Krise geschlittert, aus der er sich langsam zu erholen scheint. Zu weit mußte er von seinen Ansprüchen auf die Gesamt-Menschheit zurückstecken, zu oft seine Dogmen korrigieren, zu viele neu gegründete Kirchen und Sekten konnten mit dem raschen Voranschreiten neuzeitlicher Ereignisse nicht mithalten, und zu vielen Gläubigen bleiben einfach zu viele aktuelle Fragen unbeantwortet. Neuerdings wird aber das Wiederaufleben einer lange verdrängten Selbstverinnerlichung von einigen christlichen Kirchen zum Anlaß für eine Neuformierung genommen.

Die älteste westliche Religion ist das Judentum, dessen 15 Millionen Glaubensanhänger sich aufgrund einer mehr als 3000jährigen Tradition als Vertreter des ältesten lebenden Kulturvolkes ansehen dürfen. Ihr geringerer Teil stellt die Bevölkerung des 1948 gegründeten Staates Israel dar, die übrigen Juden sind in vielen autonomen Glaubensgemeinschaften über den größten Teil des Globus verstreut. Und da wiederum an den pulsierenden Punkten mit dem geschäftigsten Treiben.

Ist dem Moslem eine relativ bescheidene und beschauliche Lebensführung zu eigen, so ist die Mehrheit aller Hoch- und Höchstfrequenz-Typen der ganzen Welt zu einem hohen Prozentsatz unter den Juden und zu einem geringeren unter den Christen zu finden.

Wird die Ethik in den freien süd- und ostasiatischen

Ländern und im islamischen Teil unserer Erde weitgehend von der jeweiligen Religion geprägt, so trifft dies in der westlichen Hemisphäre nicht mit dieser Ausschließlichkeit zu.

Beginnend mit den großen Philosophen des antiken Griechenland über die verschiedensten Einzelpersönlichkeiten und ganzen Denkerschulen bis in die heutigen Tage hinein haben sich große Geister immer wieder mit Fragen des moralisch-sittlichen Handelns, der Lebensgestaltung und der zugrunde liegenden Motive befaßt. Unabhängig von der Kirche und bisweilen auch gegen sie.

Waren es im Altertum noch rein hypothetische Welterklärungsmodelle, später auf die Anfänge der Wissenschaften reagierende Zeitgenossen, stellt heute der die neuen naturwissenschaftlichen Erkenntnisse in ein allgemeines Verständnis übertragende Interpret eine tragende ethische Kompetenz dar.

Sie alle waren oder sind auf ihrem Lebensweg stets hohen Konfliktfeldern mit ebenso großen Erwartungen ausgesetzt, so daß sie mit ihren Ideen und ihrem dynamischen Wirken alleine schon von der Notwendigkeit eines starken Engagements überzeugen.

Mann – Frau

Mit gutem Recht kann behauptet werden, daß der Mann im allgemeinen mehr zu intensiven Reizen tendiert als die Frau, obwohl es bereits Astronautinnen und Extrembergsteigerinnen gibt und schon seit langem Karten-, Würfelspiel- und Roulette-Manikerinnen, genauso wie Expeditionsleiterinnen und weibliche

Staatsoberhäupter. Bis vor wenigen Jahrzehnten hat der Mann sich eine führende Rolle auf allen Gebieten zuerkannt, und die Frau dies auch anerkannt. Bis dahin war es speziell *sein* Zentralnervensystem, das den Gesamtorganismus auf Reize der verschiedensten Art einstellte und – darüber hinausgehend – stets noch neue Herausforderungen ausfindig machte und diese auch bewältigte.

In neuester Zeit hat sich die Frau an der Verantwortung beteiligt, folglich hat sich auch ihr Organismus umgestellt. Mag diese längst fällige Entwicklung durch ein wenig beeindruckendes Verhalten der Männer in zwei Weltkriegen beschleunigt worden sein oder nicht, Tatsache ist, daß die Frau heute, für den Fall, daß sie es wünscht, gleichberechtigt und gleichverpflichtet ist. Das »schöne und schwache Geschlecht« reagiert viel sensibler auf Umwelteinflüsse und hat deshalb beträchtliche Schwierigkeiten in einer ständigen Konfrontation mit der Welt, die sich Generationen von logischen, analytischen und tatkräftigen Männern aufgebaut haben.

Tief und intuitiv begreifen die Frauen, daß wir allesamt Gefahr laufen, unsere Werte und Gefühle zu vernichten. *Sie* haben ihre Schablonen-Rollen schon aufgegeben und sind in die Domänen der maskulinen Welt eingedrungen, um künftig mitbestimmend zu sein. Die »Herren der Schöpfung« wollen zum Großteil von ihrem ererbten Dominier- und Imponiergehabe nicht ablassen. Aber *wen* können sie in Friedenszeiten schon großartig beherrschen, *wem* durch einfach zu objektivierende Leistungen imponieren ...? Es gibt ja immer weniger Menschen, die sich von Titeln und tiefen Stimmen beeindrucken lassen.

Die Ebenen sind jetzt verschoben: Gearbeitet, konkurriert und Macht ausgeübt wird im Berufsleben. Zu Hause gilt eine gänzlich andere, viel dynamischere Hierarchie, die gegenüber der beruflichen auch völlig andere Spielregeln aufweist.

Der Umschwung von der patriarchalischen Großfamilie zum heutigen, nach demokratischen Mustern arbeitenden Kleinfamilien-Verband brachte große Unsicherheiten mit sich. Verstärkt wurden diese noch durch die immense Reizflut, der sich besonders die Mitglieder der Zivilisation fast ständig ausgesetzt sahen.

Die einstmalig so festgefügte Zelle mit all ihrer Problemschöpfung und -verarbeitung machte den einzelnen stark – egal welchen Alters und welchen Geschlechts er war, bekam doch ein jeder die Macht der Solidarität täglich vor Augen geführt.

Die jetzigen Nachfolge-Gesellschaften müssen ihre Entscheidungsprozesse in einer äußerst komplexen Welt mit sehr viel mehr Einflüssen und wesentlich weniger glaubwürdigen Verhaltensvorbildern durchführen. Zu einem Großteil laden solchermaßen verwirrte Erwachsene bereits frühzeitig ein großes Maß an Verantwortung ab und setzen ihre Kinder damit einem intensiven Reizprogramm aus – und man muß sich fragen, ob dies nicht deshalb geschieht, weil sie aus deren Bewältigungsmechanismen einiges für sich selbst abschauen möchten.

Der Mann als Familienoberhaupt ist heute vielfach nur ein sich abrackernder Geldesel, der infolge einer latenten Konsterniertheit geringe Ambitionen zeigt, sich dem Sondieren der Reizflut überhaupt zu stellen. Daheim möchte er die Anspannung abklingen lassen und sämtliche Schwierigkeiten in bewährter Belohnungs- und Bestrafungsmethodik gelöst wissen.

Neuerdings hat sich die Frau stark gemacht und muß

nun auch in der Familie viel Stärke zeigen. Oft ist sie es, die für die Geschicke der Gemeinschaft ebenso zuständig ist wie für die tägliche Routinearbeit des Haushalts.

Aber vergessen wir eines nicht: Die gesellschaftliche Revolution hat bloß deshalb stattfinden können, weil die Frau es so wollte! Vertreter des weiblichen Geschlechts haben bis nach der letzten Jahrhundertwende höchstens an Herrscherhäusern, selten in Kunst und Wissenschaft, etwas von ihrer Persönlichkeit zum Ausdruck bringen dürfen. Ein neues Selbstwertgefühl, begleitet von dem Bewußtsein um ein sich rasch entwikkelndes Reizbedürfnis und der Lust, diesem immer öfter nachzugeben, hat ihre Position seither sprunghaft verändert.

Und abgeworfen waren plötzlich alle bis dahin unkritisch von den Vorvätern übernommenen Verhaltensklischees – es war der Aufbruch zu einer neuen Ordnung.

Seien wir im Sinne des Heils der gesamten Menschheit froh darüber, daß die alten Muster beseitigt sind und die Frau von nun an ihre intuitiv-sensitiven Vorzüge in einer Mitverantwortung voll auszuschöpfen gewillt ist.

Wenn eingangs dem Manne dennoch ein größeres Reizbedürfnis zugesprochen wurde, so liegt die Begründung dafür darin, daß es in einigen Teilen der Welt noch stark patriarchalische Sozietäten gibt und daß in den übrigen Ländern die zahlenmäßige Teilnahme der Frauen an Mitbestimmung und Verantwortung bislang noch unter der der Männer liegt.

Dies wird sich aber innerhalb von wenigen Jahrzehnten sicherlich dahingehend ändern, daß es zu einer völligen Gleichstellung kommt.

Soziale Stellung

Früher waren Rangordnungen, die in einer Stadt, einer Provinz oder in einem Königreich herrschten, leicht zu durchschauen. Ein Adelsprädikat, eine Standesbezeichnung, ein Vorname – und schon war man informiert darüber, wo die betreffende Person einzureihen war.

Heutzutage sind so ziemlich alle Grenzen verwischt, beinahe jede Zuordnung und vertikale Unterteilung ist eher problematisch. Ja selbst manche Berufsbezeichnung sagt kaum mehr etwas über die persönliche Einstellung, die erbrachte Leistung und deren Bedeutung für die Allgemeinheit aus.

Und dennoch existieren klare Vorstellungen darüber, welche Art von Zerstreuung und Anregung wem zusteht. Zivilisatorische Gesellschaften lenken nun einmal das Triebleben in vorbestimmte Kanäle von klassenabhängiger und einkommensbedingter Zuständigkeit, wodurch der einzelne bereits vorgesiebt ist für Wohngegend, Umgang und Unterhaltungsgenre. Daraus ergibt sich insgesamt eine recht eindeutig umrissene Lebensgestaltung, die man jedoch nicht unbedingt befolgen muß. Erscheint einem das Reizrepertoire zu intensiv, zu flau oder aber sinnlos, ist ein Ausweichen in Richtung befriedigender erscheinender menschlicher Kontakte und Tätigkeiten ohne weiteres möglich. Man verläßt ganz einfach die unerwünschten gesellschaftlichen Strukturen und verlegt seine Anregungssuche auf Gebiete, auf denen man die stärkeren Impulse erhofft.

Aussteiger, Umsteiger, »job-hopper«, »bank account hippies« sind nur einige der Modewörter, die solche Milieu-Wechsler beschreiben. Nun will sich ein großer Teil der Mitglieder von Industriegesellschaften nicht nur ständig verbessern, sondern darüber hinaus auch mehr scheinen, als dem wahren Status entspricht, und dazu ist nichts besser geeignet als Betätigungen, die einer gehobeneren Schicht zugeordnet werden.

In der Folge kommt es zu einer weiteren Auflage von Anspannung, da ja ein bestimmter Lebensstil nur dann glaubhaft vertreten werden kann, wenn in Bereichen, die der Öffentlichkeit nicht so einsichtig sind, größere Einschränkungen durchgeführt werden. So lebt man – des Scheines wegen – an den wahren Interessen vorbei und gestaltet die Freizeit zu einem einzigen selbstverordneten Zwangs-Schauspiel, bloß weil man seine wahre soziale Zugehörigkeit allzu gerne verleugnen möchte.

Ist der seine Lebensbedingungen wiederholt verändernde Umsteiger ein äußerst spannungsintensiver Typ, setzt der gesellschaftliche Bluffer – als Sklave seines Geltungstriebes – eigentlich nur seine Anspannungskomponente erheblich hinauf.

Als weiterer Faktor neben den gewachsenen Sozialkriterien kommt der Aspekt des Einkommens, des Besitzes im weitesten Sinne hinzu. Dieser mag vor allem dann in krassem Gegensatz zu den üblichen Beurteilungsregeln stehen, wenn jemand, der keine anerkannte oder definierbare Position innehält, es finanziell zu etwas gebracht hat.

Geld hat sich halt einmal zu *dem* idealen Tauschmittel entwickelt, und mit seinem Einsatz müssen zuallererst die grundlegenden Bedürfnisse gedeckt werden. Der über das Notwendige hinausgehende Überschuß bietet dann die Möglichkeit, das Unterhaltungsprogramm aufzufächern, nicht jedoch eine größere Erlebnistiefe zu erzielen.

Somit geht die Deckung der Lebenshaltungskosten in die Anspannung ein, während sich die darüber hinausreichenden Mittel recht günstig zum Einsatz für Anregung und Nervenkitzel eignen.

Zusammenfassung

Aus den vorangegangenen Beschreibungen kann man nun die beiden Extrem-Charaktere herausdestillieren:

Menschen mit dem geringsten Bedürfnis nach Spannung wird man am häufigsten unter den jenseitszugewandten religiösen Gruppen und unter den Mitgliedern von Stämmen und Sekten vorfinden, die das moderne Leben bewußt ablehnen.

Der Hochfrequenz-Typ wird sich folgendermaßen skizzieren lassen: Ein heute lebender Mann, zwischen 30 und 55 Jahren alt, von jüdischer, christlicher oder auch gar keiner Religionszugehörigkeit, wohnhaft in einer der westlichen Hemisphäre zuzurechnenden Metropole. Dank der Optimierung seiner gesellschaftlichen Position wird er über ausreichende finanzielle Mittel verfügen, die seiner Betriebsamkeit einen besonders weiten Raum abstecken.

Als Wesenszüge werden ihm ein hohes Energiepotential, großer Ehrgeiz, eine starke Ich-Bezogenheit und eine gewisse innere Unruhe zu eigen sein.

Wie und *wo* der individuelle Reizhunger seine Befriedigung erfahren kann, wird im folgenden Kapitel behandelt.

Wie man seinem Verlangen nach Prickel-Einheiten nachgeben kann

... auf sehr viele verschiedene Arten. So muß eine erste, eigentlich recht selbstverständliche, Antwort lauten. Und dennoch sind die unzähligen Möglichkeiten in drei Kategorien zusammenzufassen:

1) aktiv
   a) unter Ausschöpfung von Mut, Ausdauer, Konzentration
   b) durch Teilnahme an Spielen und Spekulationen
2) passiv
   – durch den Genuß von Medienangeboten

Bei beiden Aktiv-Komplexen ist das hervorstechende Kennzeichen der persönliche Einsatz, und zwar im ersten Fall der Einsatz von Lebenswerten, im zweiten der von Mitteln, die der Erhaltung des Lebens dienen.

Läßt man sich hingegen unterhalten, verfolgt man bestimmte Begebenheiten bloß passiv, nimmt sie vornehmlich mit Auge und Ohr auf, so ist damit keinerlei Eigenaktion verbunden. Man re-agiert nur, ist selbst – physisch gesehen – dabei Außenstehender.

Herausforderung des eigenen Organismus

Diese Art des Risikos stellt die am klarsten umrissene, die unmittelbarste und auch die ursprünglichste Form des aktiven Engagements dar.

Von den Heldentaten, die uns die Geschichte überliefert hat, bis in unsere Zeit der kurzfristig gültigen Rekorde sind stets Leistungen erbracht worden, die als

Produkt von Mut, Ausdauer und Konzentration auf dem fruchtbaren Boden der Begabung herangewachsen waren.

Stand von der Antike bis ins späte Mittelalter das göttliche Sendungsbewußtsein des einzelnen als Antriebsfeder im Vordergrund, so galt ab der Zeit des absoluten Bekenntnisses zur Humanität ein Menschenleben als das höchste Gut auf Erden – und seine Erhaltung fortan auch als irdische Pflicht.

Gutgläubige Naivität und bedingungslose Opferbereitschaft für die Götter fielen somit weg und schufen einem im voraus kalkulierten und streng kontrollierten Risikoeinsatz Platz. Auf dem langen Band der menschlichen Evolution wiederholte sich, in wechselnder zeitlicher Länge, die Abfolge:

Krieg – Wiederaufbau – Friede

Die jeweilige Periode dieser Triade war es, die für den in ihr lebenden Menschentyp eine Vor-Auswahl an spezifischer Herausforderung getroffen hat.

Waren die Betätigungsfelder in Zeiten allgemeiner Destruktion und Konstruktion klar definiert, so wußte niemand so recht, wohin mit dem »Heldentum« in länger andauernden Friedenszeiten. Und so wurden Tapferkeit und Durchhaltevermögen in verschiedenen Konkurrenzen mehr oder weniger spielerisch eingesetzt. Ob auf Vernichtung ausgerichtet oder als Beweis und zur Schulung der Tatkraft, bei den genannten Fähigkeiten ist stets – mit Abstufungen – zwischen folgenden Extremen zu unterscheiden:

- Menschen, die nie oder höchst selten von ihrem Mut und ihrer Ausdauer Gebrauch machen,
- und solchen, für die das Bedürfnis, geistig und/oder körperlich gefordert zu werden, regelmäßig und in-

tensiv auftritt – und die diesem Bedürfnis auch oft nachgeben, indem sie sich exponieren.

Beschränken wir uns vorerst auf den Einsatz von *Mut*, bei dem Lebenswerte »aufs Spiel« gesetzt werden.

In Situationen, wo normalerweise Angst und Furcht als natürliche Schutzinstinkte auftreten, wird die Gefahr nicht erkannt (dann kommen die Instinkte nicht zum Tragen) oder sie wird verniedlicht und beiseite geschoben. Demjenigen, der eine Gefährlichkeit nicht wahrnimmt, sollte eigentlich keine Bewunderung zuteil werden, da eine subjektive Bedrohung für ihn ja nicht vorliegt. So sein Nicht-Erfassen der Gefahr echt ist und die Selbstbehauptung mit unbeeinträchtigter Ruhe und Nervenstärke stattfindet, handelt es sich um einen jener beneidenswerten »Traumtänzer«, denen stets das Schicksal alles Bedrohliche aus dem Weg räumt.

Derjenige aber, der um Art und Ausmaß der Bedrohung sehr wohl Bescheid weiß und *bewußt* seine Gesundheit, wenn nicht gar sein Leben riskiert, ist der wahre Mutige. Er gehört zu jenen, die – hoffentlich – ihre Chancen einzuschätzen verstehen und es auf sich nehmen, eventuell Schaden davonzutragen.

Schwierig ist es in jedem Fall, eigens festzustellen, wie groß die aufgewandte Courage ist, wann sie in Wagemut, wann in Waghalsigkeit übergeht und wann sie beginnt, sich in selbstmörderische Grenzbereiche hineinzubegeben.

Die Beurteilungskriterien hierfür werden sehr mannigfacher Natur sein:

- eine neutrale Abschätzung des Bedrohungsgrades,
- die Motivation und Eignung des sich der Situation Unterziehenden,
- seine Kenntnis dieser und ähnlicher Situationen,

– Anzahl der vorherigen Bewältigungen.

Zu denen, die in kurzer Zeit extreme Mutproben bestehen, gehören eine Vielzahl von Sportlern, Akrobaten und Leuten im Show-Geschäft, wie zum Beispiel: Ski-Abfahrtsläufer, Fallschirmspringer, Ranger-Soldaten, Drachengleiter, Dompteure, Hochseilartisten, Stuntmen, die Todesspringer vom Felsen in Acapulco und noch einige mehr.

All diese hochtrainierten Menschen riskieren, daß ein geringer Konzentrationsmangel, aber auch ein unvorhersehbarer äußerer Einfluß innerhalb der wenigen Augenblicke ihrer außerordentlichen Leistung zum Tode führt.

Mut wird mit *Dauerleistung* dann gemeinsam auftreten, wenn eine besonders gute körperliche Kondition Voraussetzung dafür ist, daß über einen längeren Zeitraum hinweg in taktisch abgewogenen Intervallen auf Angriff übergegangen werden soll. Sämtliche Kampfsportarten Mann gegen Mann bzw. Frau gegen Frau sind hier einzuordnen, weiters ist ein Zusammenspiel der beiden Komponenten bei vielen sportlichen und »kriegerischen« Wettbewerben vonnöten. Ersetzt man das Wort Angriff durch den Begriff *»Selbstbehauptung«*, fallen hierunter alle Extremleistungs-Erbringer wie Langstreckenläufer, Berufsbergsteiger, Abenteuerreisende, Kunstflieger, Kanalschwimmer. Mit einem Wort all diejenigen, die zu Wasser, in der Luft und auf dem Lande Besonderes leisten wollen, im Kampf gegen sich, gegen die Uhr, gegen natürliche oder manchmal auch gegen konstruierte Schwierigkeiten.

In die Kombination *physische Ausdauer* und spontanes *Konzentrationsaufbringen* fallen sämtliche übrigen Sportarten sowie Spiele mit überdurchschnittlichem

Körpereinsatz. Des weiteren ist die nach den herkömmlichen Gesetzen stattfindende Jagd in diesem Komplex einzureihen.

Viele der reinen *Dauerleistungen* tragen das Flair des unbedingten Auffallen-Wollens an sich und enden mitunter genau dort, wo sie sich in wohlverdienter Gesellschaft befinden, nämlich im »Buch der Rekorde«.

Wo aber bleibt nun in dieser Palette der Selbstherausforderung der seelische Spannungszustand eines Künstlers oder der eines genialen Forschers, die beide doch hohe, bisweilen höchste Anforderungen an ihren Organismus stellen?

Auch wenn ein Spiel mit Gedanken, Melodien oder Formen manchmal eben nur wie ein Spiel anmutet ...

Produzierende und zum Großteil auch reproduzierende Künstler, ebenso wie schöpferisch tätige Wissenschaftler haben sich – zumeist freiwillig – ein hohes Maß an Anspannung auferlegt und damit ihre innere Feder auf höchste Dehnung für gewisse Zeitspannen programmiert. Sie spielen mit der Gunst der entscheidenden Momente, auf die sie sich mit zäher Verbissenheit hinarbeiten, wissen sie doch, daß jede noch so herausragende Begabung im dichten Feld Gleichbegabter nur dann die erwünschten Früchte trägt, wenn sie von überdurchschnittlicher Selbstdisziplin und einem daraus resultierenden starken Arbeitseifer begleitet wird.

Diese Zielstrebigkeit ist es, die Geist und Körper auf die Belastungen *vor* den bedeutenden Zeitabschnitten einstellt. *Während* solcher Augenblicke, sobald sich die Leistung voll zu entfalten hat, wirken dann, in einer Umkehr des Kraftfeldes, die stärksten Zugkräfte auf die Feder ein, und es hat bisweilen den Anschein, als ob der Mensch Übernatürliches ins Werk zu setzen imstande wäre.

Nach diesen Sternstunden folgen verständlicherweise Perioden mit ganz besonders ausgeprägten Entspannungsmechanismen, viel intensiveren, als sie bei »Normalsterblichen« je zum Einsatz gelangen.

In der Sensibilität des Künstlers und in der Genialität des Wissenschaftlers drücken sich eben die stärksten seelischen Kräfte aus. Solche, die sie einem Außendruck entgegensetzen, und solche, die sie zur Eigenmotivation nutzen. Derartig Begnadete sind von innen her dazu getrieben, all die erwähnten Eigenschaften auf ihr einziges und alleiniges Ziel auszurichten, wobei ihr Mut (meist) kein physischer ist, sondern eher als Courage zu bezeichnen ist. Eine Courage, die sich eben wegen des gesteckten Zieles über sehr vieles ganz selbstverständlich hinwegzusetzen gewohnt ist.

Ebenfalls vereint finden wir alle drei Komponenten in einem Beispiel, das seiner Aktualität halber hier angeführt werden soll, nämlich beim sogenannten Überlebens-Training. Da unterziehen sich Menschen einem Eigenexperiment, indem sie sich an einem Ort in der Wildnis niederlassen und es schaffen wollen, wie unsere Urahnen vor Jahrtausenden, sich ohne Inanspruchnahme von Hilfsmitteln, ganz auf sich alleine gestellt, durchzubringen. Im Freien schlafen, sich von Wurzeln, Früchten, Kleintieren ernähren und mit den bloßen Händen Gefahren aller Art abwehren.

Manche nehmen diese Unannehmlichkeiten Wochen und Monate in Kauf, manche ein ganzes Leben lang. Ständige Grenzsituationen als Kontrapunkt zu einem zu verweichlichten, zu wenig fordernden Lebensstil in den Hochburgen der Zivilisation ... Diese »survivors« schreien nicht nach Selbstverwirklichung und träumen dabei kaum von vormaliger Sattheit oder gar von Ruhm.

Jeden Morgen beim Aufwachen finden sie sich von Neuem als Teil der Natur wieder und erwarten die Tagesbewältigung als ihre wahre, weil einzige Aufgabe. Ihre Sensationen bestehen nicht aus grausigen Katastrophen, ihr Bedarf an Neuigkeiten ist durch all die Naturbegebenheiten voll abgedeckt, ihr Kampfgeist findet wahrlich genügend Spielraum. Zu denken sollte einem diese von immer mehr Zeitgenossen beschrittene Alternative schon geben: Abgesehen vom Verzicht auf zivilisatorische Annehmlichkeiten stellen die »survivors« doch die Frage nach der Rückkehrmöglichkeit des Menschen in die unberührte Natur. Manche von ihnen stellen diese Frage vielleicht im Namen und zur Rettung der gesamten Menschheit.

Neben der Arbeits-, der Alltags- und gewissen Sonderbewältigungen sollen der Vollständigkeit halber noch zwei weitere, völlig anders gelagerte Herausforderungen an den eigenen Organismus erwähnt werden:

– die Steuerung des Aggressionspotentials nach außen hin, was mit den Erscheinungsformen der Kriminalität identisch ist, und
– die gegen das eigene Ich gerichteten Aggressionen, welche der Komplex Rausch- und Suchtgift abdeckt.

Bei beiden Phänomenen handelt es sich um vieldiskutierte, von vielen Seiten bekämpfte Stimulanzien, deren Wurzeln in einer extrem egoistischen, asozialen und destruktiven Persönlichkeitsstruktur zu suchen sind. Höchst sinn- und nutzlose Ziele verhindern hierbei die Suche nach wertvollen Lebensinhalten.

Gerade dies gibt aber Aufschluß über das oft so verzweifelte Ringen um besondere Reizkonstellationen, für die der Betreffende unter Umständen sogar die Zerstörung des eigenen Lebens in Kauf zu nehmen gewillt ist.

Schicksals-Herausforderung durch Spiel und Spekulation

Unter Spiel versteht man allgemein Bewegungsabläufe, die sich durch Momente der Freiheit, Ambivalenz, der besonderen Zeitstruktur und Realitätsbeziehung von anderen Bewegungsabläufen unterscheiden.

Es handelt sich um improvisierte und tradierte Regelgebilde, in deren Rahmen man im Alleingang oder mit Partner(n) Spielabläufe gestaltet, wobei man sich besonderer Spielmittel oder situationsbedingter Konstellationen bedient.

Ursprünglich ist das Spiel, genauso wie Spaß und Scherz, ein erquickender, ja vielfach auch gesundheitsfördernder Vorgang. Sehen wir uns nur die Kinder an: Für sie bedeutet das Spielen einen Zweck an sich, es stimmt sie ganz einfach fröhlich und läßt sie ihre Freiheit ständig von neuem genießen. Dabei bilden sich sukzessive ihre charakterlichen Fähigkeiten heraus, sie beginnen, spielerisch zu begreifen und dadurch ihre Welt zu formen.

Völlig konträr ist die Funktion derselben Betätigung bei den Erwachsenen: Für sie geht es darum, sich selbst zu beweisen, das Ego des anderen zu brechen, sich abzulenken, sich zu bereichern oder aber sich zu bestrafen. Somit ist das Spiel für sie reines Mittel zum Zweck.

Oder kurz ausgedrückt: Als Kind lernt man im Spiel und durch das Spielen. Später weitet man damit höchst bewußt sein Erlebniskontinuum auf.

Nun existieren eine Reihe von sportlichen und künstlerischen Betätigungen und eine Anzahl von Intelligenz- und Geschicklichkeitskonkurrenzen, die die Bezeichnung »Spiel« führen. In der Palette unserer Betrachtungen aber wollen wir hauptsächlich auf die Gruppe der Glücksspiele eingehen, bei denen ausschließlich materielle Einsätze den Nervenkitzel ausmachen. Bei dieser Art von Spielen führt ein beabsichtigtes Risiko zum Verlust der einen und zum gleichzeitigen Gewinn der anderen Seite, wobei von beiden Parteien für gewöhnlich kein Aufwand an produktiver Arbeit verlangt wird.

Die Elemente des Zufalls schließen die subjektiv empfundenen Gefühle Glück und Unglück aus, denn über längere Zeiträume hinweg beweist sich einzig und alleine die eherne Gültigkeit der Wahrscheinlichkeitsgesetze.

Aber was sind schon eherne Gesetze, die so viele und so weite Abweichungen dulden?!

Im *Moment* will man wissen, ob einem die Gunst hold ist, ob man das Schicksal überlisten, den Gegner in die Knie zwingen kann! Und schon erheben sie sich über den Horizont einer grauen Alltagswirklichkeit: sie, die Spieler-Typen, deren Lust an intensiven Reizen, deren Schwanken zwischen Hoffnung und Furcht, deren Risikobereitschaft und Gewinnsucht das Flair des Spieles überhaupt erst ausmacht.

Lotto, Toto, Wetten:

Dies ist die Gruppe der Spiele mit den im Durchschnitt geringsten Einsätzen und den auch mäßigsten Chancen auf *den* Traumgewinn. Der Anreiz besteht eindeutig in einer materiellen Bereicherung, die Verluste liegen vielfach weit unterhalb der strafenden Finanzschwelle.

Sowohl bei Lotterien und beim Totospiel als auch bei in Wettbüros abgeschlossenen Verträgen soll der Ausgang künftiger, nicht beeinflußbarer Ereignisse vorhergesagt werden, wobei die Spieler nur ihren Kollekturen beziehungsweise Annahmestellen bekannt sind, untereinander jedoch weitgehend anonym bleiben. Da alle Teilnehmer in einen Pot einzahlen, aus dem der Gewinn, nach Abzug meist beträchtlicher Steuergelder, ausgeschüttet wird, fallen auch allfällige Schuldgefühle weg, bestimmten Personen etwas abgewonnen zu haben. Bei den Spielern aus reiner Lust ist der oft unterbewußte Antrieb vielleicht in einer Flucht aus der Ernsthaftigkeit eines bürgerlichen Lebens zu suchen. Vielleicht ist die Spekulation mit dem großen Gewinn eine verschlüsselte Frage an das Orakel des Schicksals. Vielleicht weidet man sich, wie bei allen Spielen mit Geldeinsätzen, an dem angenehm-unangenehmen Gefühl der Angstlust gepaart mit einer Portion Vorfreude.

Vielleicht will man nur am Wochenende, wenn die Resultate veröffentlicht werden, zum 100. Mal sagen: Wieder nichts! Und sich ein wenig ärgern, gerade so viel, daß einem der eigene Ärger noch Spaß macht.

Süchtige Spielernaturen mit Hang zum großen Risiko wird man hierunter nicht vorfinden. Im Gegenteil: Echte Spieler blicken auf die kleinen »Tipper« verachtungsvoll herab, echte Spieler sind ungeduldig, wollen bei der Entscheidung unbedingt präsent sein, diese eventuell mitbeeinflussen, danach aber sofort gemeinsam kommentieren. Lotterie, Toto und Wettenabschließen – das ist für sie totlangweilig, besitzt keine Spieldynamik, ist ein Hausmeistersport, etwas für die Oma oder den Schrebergärtner von vis-à-vis, der schon ein wenig »gaga« ist.

Umgekehrt sind chronische Lotto- und Totospieler kaum an anderen Spielformen interessiert, sie graben sich ein in ihre Zahlenkombinationen und schweben zwischen Hoffnung und Resignation. Nie wieder! ... bis zur nächsten Ziehung, zum nächsten Rennen, zum nächsten Freitag ...

Es gibt aber auch Systemspieler, die mit hohen Einsätzen agieren, für die das Totospiel die Funktion einer Einkommensquelle hat. Sie verfügen über Grundkenntnisse der Wahrscheinlichkeitsrechnung, über Intuition und eine gehörige Portion Risikobereitschaft. Auf lange Sicht sind sie die Gewinner! Für sie bedeuten die kleinen »Setzer aus dem Sparstrumpf« bloß Wasserträger, viele treue Vasallen, die immer wieder das hohe Wettkapital brav zusammensteuern, aus dem Wunschtraum heraus, auch einmal ein großes Weihnachtsgeschenk machen zu können, sich ein Häusl zu kaufen oder einmal weit, weit wegzufahren, ohne immer rechnen zu müssen.

Da wird sehr genau reflektiert, was sich im Leben so oft abspielt: Wenige Zielbewußte nützen die Illusionen der zahllosen Träumer für sich aus, bei Chancengleichheit vor demselben Regelmodus. Ohne Anklage und ohne ethisches Werturteil soll das hier festgehalten werden.

Unter den Wettern gibt es natürlich auch Abstufungen. So zum Beispiel nach der Einsatzhöhe, der Risikostreuung, nach der Frequenz und nach dem Ort des Einsatzes. Vor allem aber auch nach der Art des Wettgeschehens, an dem teilgenommen wird. Bei Buchmachern kann man heute beinahe über jedes Ereignis von

Bedeutung Quoten gelegt bekommen, wovon notorische Wetter auch fleißig Gebrauch machen. Ob einer auf die Gesamtzahl der bei einer Fußballweltmeisterschaft geschossenen Tore wettet, auf ein Pferd beim Grand National oder auf seinen Lieblingshahn irgendwo im mexikanischen Hochland, das wird sich aber letzten Endes im Prinzip doch gleichbleiben. Sie alle verschreiben sich ihre Prickel-Einheiten, sie alle wollen der Welt der Logik, des Maßhaltens und der Moral eins auswischen. Ganz besondere Exemplare sind diejenigen Zeitgenossen, die untereinander Wetten abschließen, ob sich zum Beispiel eine Fliege zuerst auf dieser oder jener Fensterscheibe niederläßt, ob der nächste Telefonanrufer weiblichen oder männlichen Geschlechts ist, ob das nächste entgegenkommende Auto eine 3 im Nummernschild hat oder nicht. Sie führen jegliche Vernunft ad absurdum, sie freuen sich schrecklich darüber, die Umwelt immer wieder mit ihrem Unernst zu schockieren.

Neben den unzähligen Teilnehmern an Lotterien, Tombolas und Preisausschreiben sind aber die wahren Giganten unter all den Schicksalsgläubigen die Zahlenlotto-Spieler.

Wie sie in meist langen Erwägungen ihre Träume und Erfahrungen des täglichen Lebens auf jene Zahlen umlegen, die schließlich zur gezogenen Kombination werden sollen, das ist ein Meisterwerk an fantastischen Gaukeleien. Und einige von ihnen darf ja die Glücksfee bei der Ziehung in ihrem Aberglauben auch bestätigen ...

Eines haben all die Minichancen-Spekulanten gemeinsam, sie haben sich mit dem Los, mit dem Wettschein ein Stück Hoffnung gekauft, das sie für einige

Augenblicke während ihrer Tagträume aus der Umarmung einer kratzbürstigen Wirklichkeit entläßt. Somit haben sie letzten Endes doch etwas bekommen, wenn sie auch nichts gewonnen haben.

Karten- und Würfelspiele:

Bei diesen Spannungsvermittlern kommen im wesentlichen drei Antriebe zusammen:

- das rasche und direkte Herbeiführen und sofortige Abreagieren von intensiven Reizen,
- das Jonglieren mit verschiedenen geistigen Fähigkeiten und
- das Ausleben eines latenten Bewegungsdranges der Hände.

So wird auf der Basis des Zufalls (Kartenverteilung, Wurf der Würfel), des individuellen Geschicks und der Risikobereitschaft um vereinbarte konstante oder sich im Laufe der Durchführung erhöhende Beträge gespielt.

Um uns die Erregungsstadien zu veranschaulichen, die ein Spielteilnehmer durchläuft, wollen wir ein beliebiges, einfaches Spiel (keine offenen und auch keine verdeckten Karten auf dem Tisch) analysieren:

- Das Verteilen der Karten ist vergleichbar mit dem »Achtung, Fertig, ...« des Starters beim 100-Meter-Sprint.
- Das »... Los!« fällt mit dem Aufnehmen der Karten und dem ersten Anblick.
- Beim Sortieren eventuell bereits leichtes Absinken des Reizniveaus, das sich danach in der Phase der strategischen Planung noch um einiges vermindert.
- Dann erfolgt erhöhte Aufmerksamkeit auf Partnerre-

aktionen, was den Erregungspegel wieder etwas anhebt.
- Bei der Durchführung werden Konzentration, Phantasie und Verstandesarbeit von der jeweiligen vorangegangenen Situation entscheidend beeinflußt (was sehr oft zu den Bezeichnungen Glücks- und Unglückssträhne verleitet). Im Wettkampf selbst findet eine ständige Fluktuation der Erregung statt, die gegen das Ende zu
- in ein Sich-auf-die-nächste-Runde-Ausrichten mündet und als Erwartungszustand eine neuerliche Spannungssteigerung bedingt.

Ein passionierter Allround-Spieler hat einmal auf die Frage nach seinem tiefstinnigen Wunsch spontan folgendes geantwortet: »Zehn Tische mit je drei Spielern besetzt, sternförmig um mich im Mittelpunkt angeordnet, ich bin also der vierte Partner für alle Teilnehmer, ich nehme die schon mir zugeteilten Karten auf, sortiere sie nach Höhe und Farbe, spiele eine davon aus, übergebe den Rest der Karten an jemanden, der an meiner Statt das Spiel zu Ende führt, wende mich dem nächsten Tisch zu, nehme die Karten auf, ordne sie, und so weiter ...«

Und das bei zehnfachem finanziellem Risiko, und als Draufgabe die Ungewißheit um die Spielauslegung des »Durchführers«, die ein Zusatzhandikap darstellt!

Mit drei gleichzeitig um ihn herum gruppierten Tischen hat er ein solches Joker-Spiel schon durchgeführt, und dabei ordentlich verloren. Aber diese Stunden der superkomprimierten Spannung machten den Verlust bei weitem wett, sie waren eine lückenlose Perlenreihe an der schönsten Orgasmus-Kette seiner Spielerkarriere.

Von der Warte eines Außenstehenden, eines von der Spielleidenschaft nicht im geringsten Tangierten wird ein solcher Auswuchs bloß als extreme Idiotie verdammt. Werden schon »normale Spieler« als interessenlose Zeittotschläger abqualifiziert, so erst recht jene Ausgeburten an *Reizgier.*

Hören wir uns ruhig einmal den Standpunkt eines eingefleischten Gegners von Spieltätigkeiten um Geldeinsätze an, wenn er uns seine Beobachtungen erzählt:

In unbequemer und angespannter Haltung sitzen diese eigentlich ganz normal aussehenden Menschen um einen Tisch, der meist in einem verrauchten, schlecht gelüfteten Zimmer steht. Stundenlang wiederholen sie dieselben Handbewegungen und murmeln sie dieselben Phrasen vor sich hin, ergehen sich von Zeit zu Zeit in stillem Ärger, Schadenfreude und lauten Beschimpfungen. Es fällt ihnen gar nicht auf, daß ihnen während der ganzen Dauer des Spiels keine einzige Freundlichkeit über die Lippen kommt, kein herzliches Lachen oder gar ein nicht zum Thema gehörender Scherz.

Es besteht auch nicht das geringste Bedürfnis, dem Spielpartner, der so nebenbei auch Mitmensch ist, einmal längere Zeit in die Augen zu sehen. Nur manchmal werden mit unverhohlener Bosheit aus den Augenwinkeln heraus einige der fahrig-nervösen und unkontrollierten Hand- und Gesichtsmuskelbewegungen des Gegenübers registriert. Ansonsten wird bloß in die Karten gestarrt und überlegt ... Als ob man sich die vielen tausend Möglichkeiten der Verteilung nicht auch theoretisch ausmalen könnte!

Ist das Spiel nach etlichen Stunden beendet, sehen sie allesamt recht mitgenommen aus. Wer gewonnen hat, faßt es als persönliches Verdienst auf, wer verloren hat, schiebt die Schuld der Allmacht des Schicksals zu. Und bei all dem ist nichts Kreatives, nichts Produktives herausgekommen, höchstens Getränke- und Tabakwarenindustrie lachen sich still ins Fäustchen ...

Klingt in den Ohren eines kühlen, selbstkontrollierten Vernunftmenschen eigentlich unwiderlegbar.

Überdenken wir die folgende Aussage des Psychologen P. Rosenmeier, so werden selbst die Leidenschaftslosen unter uns nicht mehr so ganz von der einstigen Kritik überzeugt sein. Er meint unter anderem, daß Wissensdurst, Neugierde und auch der Spieltrieb entscheidend dazu beitragen, Probleme der Selbstverwirklichung und Selbstgestaltung zu lösen, wobei im besonderen der als unangenehm empfundene Konflikt »Annäherung–Vermeidung« durch Gewichtung nach der einen oder anderen Seite hin wesentlich entschärft wird. Spieler stehen nämlich im Zuge der Ausübung ihrer Lieblingsbeschäftigung andauernd vor Alternativentscheidungen, was ihnen bei Entschlüssen auf anderen Gebieten sogar oft von Nutzen ist.

Viele Untersuchungen sind über Spielerpersönlichkeiten durchgeführt worden, man könnte eine lange Liste von entwicklungsbestimmten Faktoren und psychologischen Querverbindungen anführen und in fast jeder Theorie etwas Wahres entdecken. Einen humanwissenschaftlich nur laienhaft Geschulten wird dies aber nur insofern interessieren, soweit es ihm plausible Erklärungen für beobachtete Verhaltensweisen an die Hand gibt. Und einige dieser Punkte wollen wir jetzt, sozusagen als dialektischen Gegenpol zur bedingungslosen Ablehnung, anführen:

– Ventil für Kampftriebe

- Experimentieren mit verschiedenen geistigen Fähigkeiten
- Lust an intensiven Reizen
- Interesse am Spielgewinn

Was haben die Weltverbesserer und ewigen Vernunftaposteln daran auszusetzen? Eine Unterhaltung besteht nun einmal in einer Abfolge von Impulsen, die aus situationsbedingten Konstellationen zustande kommen – und den Kartenspielern ist ja wahrscheinlich bewußt, daß die vielen Spielkombinationen nur deshalb so oft angesteuert werden, weil es sich eben um flache, simple und unspezifische Reize handelt. Und ist es ihnen in dieser Deutlichkeit nicht so klar, werden sie nichtsdestotrotz auch weiterhin ihre Karten mit fahrigen oder genießerischen Gesten schlichten, ihre Stiche herunterklopfen, Jetons zur Tischmitte schieben und sich über den Spielhergang alterieren – und Spaß werden sie dabei haben! Oder den nötigen Anlaß zum Ärger.

Solange sie ihre Angehörigen nicht in finanzielles Elend stoßen oder ihre Umwelt nicht durch ständige üble Laune verärgern, darf man ihr Vergnügen nicht so ohne weiteres verächtlich abtun.

Wurde das Kartenspiel von den Venezianern im 13. Jahrhundert aus Ostasien nach Europa gebracht, so ist die Herkunft der Würfelspiele nicht so eindeutig festzustellen.

Beim Vorgänger des Schachspieles, dem indischen Tschaturanga, hat man jedenfalls einen Würfel mit verschiedenen Symbolen auf den Flächen gerollt und hat danach, den Zeichen entsprechend, gezogen. Manche Südseeinsulaner verwendeten für religiöse und spielerische Zwecke eine rotierende Kokosnuß, die der Vorgänger der Roulette-Kugel gewesen sein könnte, und schließlich gebrauchten die Grönländer bei ihrem Tatumspiel einen Zahlenkreisel, eine Art Prototyp des heutigen Spielwürfels.

In unseren Tagen läßt man Zahlen- und Figurenwürfel hauptsächlich bei strategischen Spielen rollen, dort wo bestimmte Züge und Eintragungen die Basis für den Wettkampf darstellen. Dabei ist, im Gegensatz zu den meisten Kartenspielen, der Spielverlauf allen Teilnehmern jederzeit einsehbar, da in der überwiegenden Mehrzahl Varianten existieren, bei denen »offen« gewürfelt wird. Wie die Karten-Tippler sehen auch die Würfler einander kaum an. Wie gebannt glotzen sie auf das Brett, auf dem die Würfel tanzen, nachdem zuvor in kleinen Bechern ein Höllenlärm veranstaltet wurde (was als Angstüberdeckungsgeräusch ausgelegt werden kann). Eines unterscheidet sie aber von den Kartenspielern: Sie wirken im Durchschnitt wesentlich unruhiger als diese, weil sie neben den Tätigkeiten des Würfelaufnehmens, Becherschüttelns und -entleerens noch Steine schieben und ständig den Spielstand in Ergebnislisten beobachten müssen. Das bringt in Momenten höchster Spannung wahre Bewegungsorgien mit sich:

Schütteln, Würfeln, verlegenes Kopfkratzen, Halsverrenken nach dem Resultat, Schütteln, Würfeln, Rauchen, Kopfkratzen, Jackett-Zurechtzupfen usw. In der Wiederholung liegt natürlich erst der Kern der Komik, da man als Beobachter bald imstande ist, kommende Bewegungen bereits vorherzusagen.

Aber auch die Würfler jagen recht harmlos ihrem Nervenkitzel nach und laufen die Empfindungsskala von Angstlust bis Furcht und Hoffnung während eines Spieles mehrmals durch. Und die Umwelt versinkt für sie dabei. Nur der Tisch im Lichtkegel, die Würfel, die Steine, die Ergebnisliste existieren, und sonst nichts.

Nachher wird die Rechnung beglichen, und damit gehört alles bereits der Vergangenheit an. Eine solche Ausschließlichkeit erleben zu dürfen hat doch eine ganz besondere Faszination an sich.

Wem gelingt das noch in einer anderen Sphäre – etwa beim Sport, bei der Jagd oder in der Erotik?

Ob es sich um (beinahe) zwei- oder dreidimensionale Geräte aus mehr oder weniger edlem Material handelt, der spielerische Umgang damit bringt viel Kurzweil in so manches Leben, was man nicht bloß aus dem Blickwinkel rationaler Intoleranz sehen sollte, sondern, vielleicht sogar als Verächter, einmal *selber* probieren sollte.

Nichts ist nämlich einfältiger, als auf seinem Standpunkt ohne die geringsten »spielerischen Zweifel« zu beharren, noch dazu wenn man das Metier nicht aus eigener Erfahrung kennt.

Man kann ja, das sei allen strikten Gegnern ins Ohr geflüstert, anfangs um besonders niedrige Einsätze spielen.

Und die Partner in der Runde werden einem beim ersten Mal mit leicht diabolisch gefärbtem Verständnis zunicken, denn sie wissen ganz genau, daß ein Spieler erst am Spieltisch geboren wird.

Spielcasinos:

Sind wirtschaftliche Unternehmen, die in elegantem, luxuriösem Rahmen ihren Besuchern die Gelegenheit bieten, bei einer Vielzahl von Spielen ihrer Leidenschaft ausgiebig zu frönen.

Spielindustriezweige, Casinoketten und ganze auf das Glücksspiel ausgerichtete Städte leben vom Nervenkitzel der Abermillionen von Spielern.

Dabei muß man sich vergegenwärtigen, daß das Königsspiel aller Casinos, das Roulette, nicht viel älter ist als etwas über 200 Jahre und erst vor etwa einem Jahrhundert zu einer Massenattraktion geworden ist. An seiner Wiege standen zwei berühmte Mathematiker Pate: Der Franzose Blaise Pascal und der Deutsche Gottfried Wilhelm Leibniz, beide Begründer der Wahrscheinlichkeitsrechnung. Von einem aus China zurückgekehrten Missionar wurde Pascal Mitte der 50er Jahre des 17. Jahrhunderts ein geheimnisvolles Gerät überreicht. Der Franzose gab ihm den Namen Roulette – kleines Rädchen (heute Drehkegel genannt). 50 Jahre nach Pascals Tod (ca. 1712) hat man erstmalig in größerem Kreis Roulette zu spielen versucht, in die große Welt der Glücksspiele wurde es dann, man höre und staune, durch die Polizei eingeführt. Satine, der Polizeiminister Ludwig XVI., hat das Spiel bei Hofe vorgestellt, um auf diese Weise das Falschspiel zu unterbinden. Vom französischen Königshaus ausgehend, trat es bald danach seinen Siegeszug um den Erdball an.

Die Ausbildung der Angestellten und die Festlegung der Regeln hat in zwei Pariser Palais stattgefunden, nämlich im »Frascati« und im »Royal«. Dies ist auch der Grund dafür, warum auch heute noch die Sprache des Roulette das Französische ist. Baden-Baden und Bad Homburg waren die ersten deutschen Casinostädte, im Jahre 1867 eröffneten die Brüder Blanc das wohl berühmteste Casino der Welt in Monte Carlo, von da aus sprang dann der Funke auf viele weitere Modeorte über.

Das Spiel hat sich deshalb auf so lange Dauer durchgesetzt, weil es durch die Eindeutigkeit der Ergebnisse, die Präzision des Ablaufs und die unantastbare Souveränität des Zufalls besticht. Die Vorteile der Bank sind durch die Zero (Null) und durch eine Begrenzung des Spieleinsatzes nach oben gegeben.

Der Vorteil des Spielers besteht in der Freiheit, das Spiel jederzeit zu unterbrechen oder zu beenden.

Was macht nun aber die wahre Anziehung des Roulette aus?

- Es bietet mehr Entscheidungsfreiheiten und Handlungsmöglichkeiten als die meisten anderen Glücksspiele.
- Vielen gewiegten Zahlengenies und auch dem Computer ist es bislang nicht gelungen, ein todsicheres Gewinnsystem zu erarbeiten (übrigens, gäbe es ein solches, wäre es außerdem fraglich, ob sich alle Spieler konsequent daran halten würden). Diese Tatsache bedeutet sicherlich alleine schon eine ganz besondere Art der Herausforderung an die Spieler.

Da steht also ein Mensch mit etlichen Jetons in der Tasche in diesem gediegenen, staatlich sanktionierten Rahmen, bleibt selbst anonym, fühlt sich doch unter Reich und Steinreich beinah wie unter seinesgleichen und spürt auf einmal, wie, vorerst leise kribbelnd, hierauf immer stärker die Allmacht einer unbeschränkten Freiheit in ihm aufkeimt.

Da hört er plötzlich eine Kugel tanzen und knapp danach eine Gladiatoren-Stimme »treize–noir–impair–et manque« verkünden. In einem solchen Moment wird doch ein jeder, der nicht pathologisch abgestumpft durchs Leben wankt, für den nächsten Coup in die Tasche langen und auch sein »Glück versuchen«, wenn nicht ...

- wenn nicht eine direkte existentielle Gefährdung daraus ersichtlich ist,
- wenn nicht bereits resignative Momente vorherrschen,

– wenn nicht die Stimme des Gewissens drohend dazwischenruft.

Den seriösen Rahmen kann man nicht hinwegleugnen, ebenso nicht die Tatsache, daß einige Leute in unmittelbarer Reichweite dicke Gewinnstapel zugeschoben bekommen – also muß es an einem selber liegen, ob man sich nun dem souveränen Schicksalsentscheid unterwirft oder nicht.

So wechseln einander ein »Halt ein! Nicht!« und ein »Schließlich-ist-man-des-Reizes-wegen-hier« ab.

Der Vorsichtige wird sich vernünftig nennen und bei der Wechselkassa seine Jetons eintauschen.

Dem Statistiker werden die Permanenzen die Hand führen.

Der Juxspieler wird seine Jetons beliebig über das Grün verstreuen.

Der leidenschaftliche Spieler wird nach vielerlei Überlegungen mit flackerndem Blick setzen.

Und schließlich wird der Süchtige bis zum bitteren Ende spielen *müssen.*

So haben sie alle *ihr Erlebnis* und sie können sich freuen, ärgern, fortan nur noch zuschauen, nach Hause gehen, an einem anderen Tisch spielen, in der Bar einen Drink nehmen oder sich zu einem der anderen Spiele begeben.

Denn das ist ein Hauptanziehungspunkt: Die absolute, durch nichts und niemanden beeinträchtigte Freiheit.

Ein weiterer »geheimer Verführer« ist sicherlich die unbedingte Seriosität der Unternehmen. Perfekt gekleidete Croupiers mit geschliffenen Manieren strahlen eleganten Charme über die Spielsäle aus. Dafür heimsen sie auch reichlich Trinkgelder ein, denn bei Gewinnen zeigen sich die Spieler nicht kleinlich, und so verschwinden in kleinen Schlitzen, wenn man die Casinos der ganzen Welt zusammenrechnet, allabendlich viele Millionen unter Beifügung des Kommentars »merci – pour les employées«.

Neben dem Königsspiel existieren noch zirka 50 weitere Spiele, die dem hohen Nervenkitzelbedürfnis wohl angepaßt sind. Die Namen der bekanntesten lauten Black Jack, Trente-Quarante und Baccara.

Wer außer Geld noch etwas sportlichen Einsatz, wenn auch bloß für die Muskeln eines Armes, aufbringen möchte, der kann sich auf ein Weilchen in einen Nebenraum begeben. Dort stehen sie alle buntmetallenglänzend in Reih und Glied und blinken einen zu sich heran: die wahren Blitzableiter menschlicher Aggression, »one-arm-bandits« genannt. Einmal sich die Verachtung, den allgemeinen Zorn auf die Langeweile herunterziehen! Es einmal mit sich geschehen lassen: drei Pflaumen, drei Zitronen oder gar Jack Pot, das süßeste Klingeln, und dann die Blicke der Bewunderung spüren ...

Mensch und Maschine schrumpfen zu einer seelenlosen Einheit zusammen, ihr einziges Gespräch besteht aus einer sanften Melodie, die zum Weiterfüttern einlädt.

Feine Spannung, subtilen Kitzel gibt's da nicht, denn die nächste Stufe sind schon die Flipper, wo man nur noch ein blubberndes Wetterleuchten mit vielen hohen Zahlen für seinen Einsatz bekommt. Vor der Gefahr der Elektronikspiele wird oft gewarnt, weil sie die Knopfdruck-Automatik so einfach aus dem menschlichen Bewußtsein heraushebt. Einer Überlegung wäre es immerhin wert ...

Die zuletzt besprochenen Phänomene treffen jedoch mehr das Gebiet der Aggressions-Fokussierung als die Befriedigung des Spannungsbedürfnisses, was auch den Grund für ihre kurze Erwähnung darstellt.

Börsenspekulationen:

Hier wird das ganz große Geld riskiert, hier fließen bei Weizen, Schweinebäuchen, Schweizer Franken und vielem anderen an jedem Wochentag Unsummen durch die Kassen der Börseninstitute und der Vermittlungshäuser.

Termingeschäfte und Optionen sind exakt nach dem Gusto der »stock exchange gambler« geschnitzt. Gekonnt wird einem das Gefühl vermittelt, daß man seine (scheckausfüllende) Hand direkt am Puls der Weltwirtschaft hat, ja daß man diese bei größeren Umsätzen sogar mitbeeinflussen kann.

Bei Termingeschäften steht bereits ein spekulatives Moment im Vordergrund, nämlich der Wunsch, nur aus den Preis- und Kursentwicklungen alleine schon Vorteile zu ziehen. Und recht bald herrscht eitel Wonne bei jenen vor, die die Richtung der Entwicklung erraten haben, und gleichzeitig murren auch die, welche den Gewinn der anderen mit ihrem Einsatz bezahlen müssen, schlicht und einfach weil sie aufs falsche Pferd gesetzt haben.

Eine gewisse Pufferwirkung kann bei großen Preisveränderungen noch durch die Lagerhaltung erzielt werden, der Markt wird dadurch bloß etwas verbreitert, aber meist bleiben »winners« und »losers« die gleichen.

Hoch her geht es bei den Optionen, wo der kleine Mann wie ein großer und der große wie ein besonders großer zu agieren vermag, dank der Hebelwirkung, die bewirkt, daß man aufgrund eines internen Kredites $ 100 wie $ 1000 arbeiten läßt. Der Käufer solcher Optionen muß jedoch zuvor abwägen, den gesamten Prämienbetrag zu verlieren oder sich am möglichen Kapitalzuwachs zu beteiligen, *ohne* die Aktien tatsächlich zu erwerben, d. h. ohne eine umfangreiche Kapitalbindung einzugehen.

Höllisch amüsant!

Sie möchten gerne mitmachen. Wie das möglich ist?

Sie gründen eine Firma (so Sie nicht ohnehin bereits eine Ihr eigen nennen), geben Ihrer Bank den Auftrag, mit einem Vermittlungshaus Kontakt aufzunehmen, bekommen dann sehr rasch einen Telefonanruf Ihres »stock broker«, der Ihr finanzielles Röntgenbild schon vor sich liegen hat und Sie zu beraten beginnt.

Schon können Sie diesem Ihre ersten Intuitionen mitteilen, denn er sitzt – wie alle Broker – vor einem grünen TV-Schirmchen mit einem (ihm) vielsagenden Zahlengewirr und braucht nach Ihrer Anweisung bloß ein rosa Zettelchen auszufüllen, dessen Inhalt via Fernschreiben dem gewünschten Börseninstitut in Blitzeseile übermittelt wird. Damit sind Sie (respektive ist Ihre Firma) schon mitten drin!

Sie haben ein Kaufs- oder Verkaufsvorrecht auf noch nicht geerntetes Getreide, irgendwo im Weltmeer herumschwimmenden Kakao, staatliche Vorzugsaktien oder eine der gängigen Hartwährungen. Haben Sie Glück *und* gute Nerven, nützen Sie die Option nach der Ablaufzeit aus.

Haben Sie Pech *und* schlechte Nerven, piesacken Sie ruhig einmal, Betonung auf einmal, Ihren Broker bis auf's Blut. Insbesondere an Abenden mit langweiligem

Fernsehprogramm wird er Ihren Anruf bereits erwarten.

Doch nehmen Sie zur Kenntnis – er *weiß* nicht mehr als Sie selber, sonst wäre er nicht Makler, sondern selber Spekulant.

Glauben Sie ihm, wenn er ständig vergangene Trends in die Zukunft extrapoliert, denn dafür wird er ja schließlich bezahlt! Und sollten Sie nach einigen Fehlberatungen auf Rache sinnen, denken Sie daran, daß Sie beim Zurückgewinnen auf ihn angewiesen sind, denn ganz alleine können Sie Ihre Eingebungen am Floor niemals verwirklichen, außer Sie möchten selbst Makler werden. Also, auf die Dauer bitte »Fair play« dem Broker gegenüber, lassen Sie Ihren Langzeitzorn lieber an Ihrem Schwiegervater aus!

Was am Floor der Börsen vor sich geht, möchten Sie wissen, und wer dort die wahren Geschicke leitet, die Trends settet, die Gegentrends initiiert?

Es wird wahrscheinlich keine sehr befriedigende Antwort darauf geben: Entweder liegen die Geschicke in den Händen der wild herumfuchtelnden Männer, die vier bis fünf Telefone gleichzeitig bedienen – oder in denen von unsichtbaren Drahtziehern, die dahinterstehen und so ihren eigenen Interessen zum Durchbruch verhelfen. So korrekt diese Behauptung auch ist – sie muß Sie enttäuschen ...

Sollten Sie's noch lustiger haben wollen, schließen Sie einen »day trade« ab. Sie können währenddessen ins Kino gehen, und gleich danach erfahren Sie, wie's mit Ihrer Kurzzeit-Spekulation ausgegangen ist.

Diese Variante hat aber schon eher den Charakter eines Casinobesuches, bei dem man den Croupier für einen setzen läßt und sich währenddessen lieber in die

Bar begibt, weil man fürchtet, daß einem die Nerven einen Streich spielen.

Zusammenfassung

Stellt das Spielen und Spekulieren eine Befriedigung der Sehnsucht nach erregenden Erlebnissen dar, so soll nun in einer abschließenden Kurzanalyse der Spannungssuchende in dem Kampf, den er oft von vorneherein schon mit unzulänglichen Mitteln eingeht, vor uns erstehen. Der Psychologe E. Gabriel hat ihn in drei Kategorien eingeteilt:

– den Vergnügungsspieler, dessen Hauptanliegen das Zeittotschlagen ist,
– den Gewinnspieler-Typ, zu dem man Abenteurer, Hochstapler und psychisch Abwegige rechnet, er stellt sich gegen jeglichen bürgerlichen Müheaufwand,
– den echten Spieler, für den der hohe Nervenkitzel einen Einsatz der eigenen Existenz bedeutet.

Mögen es Wetten auf künftige Ereignisse, rein vom Zufall gesteuerte Spiele sein oder, wie im Fall der Börsengeschäfte, stark verschleierte Spielaktivitäten – am Beginn steht *immer der Reiz,* der vom Spiel ausgeht.

Erst später fällt die Hemmungsbarriere, und es tritt eine konventionelle Verführung ein. So bietet die Umwelt eine Reihe von Möglichkeiten zur triebhaften Entfaltung, die aber erst zu einem Zeitpunkt als Laster empfunden werden, wenn der Spieler sich geschädigt fühlt.

Angesichts der extremen charakterlichen Veranlagung von echten Spielern sollen nun noch einige der

Hintergründe solcher Reizhunger-Hypertrophien erwähnt werden: Da reicht die Skala vom harmlosen Sichselber-fühlen-Wollen über Scheinverwirklichungen bis weit in den neurotischen Bereich hinein. Masochistische Selbstbestrafungs- und Selbstzerstörungstendenzen sind ebenso häufige Motive wie krankhafter Geltungsdrang, beinahe pathologischer Hedonismus sowie extreme Tätigkeitssucht.

Hinter den leidenschaftlichen Auswüchsen stehen aber menschliche Schicksale, die mitunter recht tragisch enden. Um diesem Übel auf gemeinschaftlicher Basis Herr zu werden, haben sich heute in vielen Großstädten bereits Vereine gebildet, deren einziges Ziel die Bekämpfung der Spielsucht ist.

Schon diese Tatsache alleine möge spannungsanfälligen Menschen Anlaß genug sein, sich bisweilen Gedanken darüber zu machen, inwieweit *ihr* Reizverlangen noch der eigenen Kontrolle unterliegt. Denn irgendwann einmal verliert jede überdehnte Feder ihre Funktion und wird damit unbrauchbar für alle Zeiten.

Sättigung via Medienkonsum

Das Wort Medium hat seinen Ursprung im Lateinischen und bedeutet soviel wie Mittel oder Mittler. Der heutige Gebrauch schließt alle Formen des Informationsflusses ein, mittels dessen Sinneseindrücke hervorgerufen werden. Eine grobe Einteilung soll die Abrufbarkeit der einzelnen Medien in den Vordergrund stellen:

- In den Genuß von Theater-, Konzert-, Opern- und Filmaufführungen sowie von Kunstausstellungen,

Vorträgen und anderen Veranstaltungen gelangt man nur nach gewissen Vorbereitungen und zu bestimmten Zeitpunkten an bestimmten Orten, während man in einem Großteil der Welt über
- die Massenkommunikationsmittel Presse, Rundfunk und Fernsehen recht beliebig verfügen kann.

Wann schaltet man nun auf Passivunterhaltung, und was für Gründe sind maßgebend?
- Wenn das betreffende Medium ein sehr persönliches Interesse anspricht,
- wenn man kein Verlangen nach physischer Aktivität verspürt,
- um einen Stimmungswechsel herbeizuführen,
- um sich gezielt inspirieren zu lassen,
- um eine momentane innere Leere zu kompensieren.

Bezieht im Wettstreit der Motive einer der genannten Gründe eine Vorzugsposition, dann läßt man sich eben über Auge und Ohr fangen und gibt sich seinen Eindrücken hin.

Nun zu den Medienkomplexen im einzelnen:

Musik und bildende Kunst haben etwas Wesentliches gemeinsam: Sie appellieren am stärksten an die metaphysische Seite der menschlichen Seele, daher lassen sich ihre Auswirkungen auch am schwierigsten verbalisieren. Die Erlebnisse im Bereich der beiden Kunstrichtungen werden aber an Intensität und einer in sehr viele Sparten des Daseins hineinwirkenden Ausstrahlung von anderen Medien kaum erreicht. Voraussetzung beim Rezipienten ist ein ausgebildetes Abstraktionsvermögen, die intellektuelle Bewältigung der Materie und vor allem ein Sich-in-Hingabe-versenken-Können. Nicht umsonst werden Leute, die sich besonders mit diesen Richtungen beschäftigen, »Kunstliebhaber« genannt.

Sie verdienen diese Bezeichnung, hebt sie doch ihre Begeisterung und innige Zuneigung gleichermaßen hervor.

Von der Bühne her entwickelt sich die Ausdruckskraft der dramatischen Dichtung. In Wechselwirkung mit dem Publikum, das um die Fiktionalität der Stücke Bescheid weiß und sich auch bereitwillig verführen läßt, werden von Regisseuren und Schauspielern Werke gestaltet, die dem Theater nach wie vor eine einzigartige Bedeutung verleihen; nämlich in spannender, teilweise verschlüsselter Form Gedanken von Dichtern und Denkern vorzuführen, die die ewig-menschliche Problematik zur Grundlage haben.

Beim Medium Film fehlt diese Wechselwirkung mit der Zuseherschaft. Da wird meist eine Vielzahl von Einzelszenen mit oftmaligem Schauplatzwechsel gezeigt, aus der sich die Gesamtheit der Aussagen des Drehbuch-Autors und des ihn interpretierenden Regisseurs ergibt. Unter Einsatz von extrem realistischen Ausdrucksmitteln kann man den Zuschauer zu viel stärkeren Emotionen verleiten, als dies von der Bühne her möglich ist. Für beide Medien, Theater und Film, gilt eine Grundvoraussetzung: Interesse und Gefallen werden nur dann geweckt, wenn sich die Handlungsgestaltung durch Komplexität und Neuheit auszeichnet.

Bei Vorträgen und einer bestimmten Art von Veranstaltungen spielt neben dem Unterhaltungswert noch eine weitere Komponente mit; das Streben nach Wissen, das Ausweiten des geistigen Horizontes, um eine Bereicherung der Persönlichkeit zu erfahren.

Hierher gehören Fachvorträge, Freizeitklub-Veranstaltungen, Aktivitäten in folkloristischen Gruppen und Hobby-Vereinen – und die total durchorganisierten Frcizeitreisen.

Vielleicht nicht ganz zu Unrecht am Schluß des Medienkreises, über den nicht allzeit und allerorten willkürlich verfügt werden kann, stehen die modernen »Zirkusspiele«.

Hierbei handelt es sich um Fußball-Matches, Freistil-Ringkämpfe, Hahnenkämpfe, Stierkämpfe usf. – alles Massenveranstaltungen vor brodelnder Volksseele.

Spielerisch und doch recht vehement entzündet sich eine leidenschaftliche Stellungnahme an den Zufällen eines sportlichen Kampfgeschehens oder an den ritualisierten Abläufen von teilweise grausamen Ereignissen. Hier gibt es kaum mehr mit Vernunft zu untermauernde Argumente oder gar den Anschein von geistiger Auseinandersetzung. Hier herrscht das Gesetz des wilden Urschreies und der von grimmigen Blicken begleiteten Drohbewegungen.

Einer der Beweise dafür, daß der Kampfsport in seinen Randerscheinungen höchst denkwürdige Auswüchse herangezüchtet hat.

Nun zu den rasch abrufbaren, in der Thematik nicht spezialisierten Medien.

Vorweg eine Klarstellung: Kommunikation und Unterhaltung haben durch die Entwicklung der Massenmedien einen unerhörten Aufschwung erfahren und das individuelle Erlebnisrepertoire eine ungeheure Bereicherung. Presse, Rundfunk und Fernsehen als Institutionen sind mit ein Beweis für die gigantische Leistungsfähigkeit auf den Gebieten Erfindung, technische Auswertung und Perfektion. Punktum.

Jeder kann davon so viel Gebrauch machen, wie er will, und eine Verführung zum Überkonsum findet ja wirklich nicht statt.

In einer mißlichen Lage sind jedoch jene, die von sich

aus nicht maßhalten wollen bzw. können, jene, die sich vornehmlich an Sex-and-crime-Artikeln aufgeilen, die von früh bis spät ihre Äther-Geräuschwelle angeschaltet haben, die beim Dauer-Fernsehen regelmäßig einschlafen.

Sie gleiten bald in die traurige Abgestumpftheit von Fernhörern, Fernsehern, Fernwissern ab, sie rauben sich alle Chancen zur Eigenständigkeit.

Neil Postman, amerikanischer Zeitkritiker, zieht in seinem Buch »Wir amüsieren uns zu Tode« sehr scharf gegen diese Auswüchse zu Felde. So sagt er, daß das Sprachvermögen einer ganzen Gesellschaft an der seichten Unterhaltung bereits zu leiden begonnen hat, daß die zunehmende Illiterarität der zwar des Lesens Mächtigen, es aber nicht Ausführenden ein ganz starkes Symptom dafür darstellt. Damit einher geht – so meint er – ein noch weiteres Absinken der Buch- und Printkultur. Weiters prangert er den Abbau des kindlichen Schonbereiches an, der durch eine zu frühe Konfrontation mit Sex, Horror, Perversion und Krieg zustande kommt, und schließlich stellt er ein besorgniserregendes Abnehmen von familiären Kontakten, Phantasie, Aktivität und Konzentration fest.

Er mag in allem recht haben, nur darf es nicht alleine bei der Diagnose bleiben. Wie ist also so einem Medien-Totalkonsum beizukommen? Wie so oft liegt auch hier die Fehleinstellung in einer unvernünftigen Fragestellung. Für wache, agile und aufgeschlossene Menschen darf es nicht jeden Abend heißen:

Was gibt's in den verschiedenen Fernsehkanälen? Was sagt mir davon *am ehesten* zu? Sondern:

Wird heute eine Sendung ausgestrahlt, die meiner Interessensphäre (oder der meiner Familie) entspricht?

Bei Verneinung der Frage wird einfach nicht angedreht. Sobald eine Selektion nach letzterem Gesichtspunkt erfolgt, kann man nicht mehr von kalten, verführerischen oder gar gefährlichen Medien sprechen!

»Eine positive Nutzung von Stimulanzien wird erst durch ihre emotionelle Bewältigung ermöglicht«, meint dazu die Schulpsychologie.

Hören wir in diesem Fall doch einmal auf sie!

Zur gefühlsmäßigen Verarbeitung ist es ja notwendig, alle übrigen Reizquellen vorübergehend abzustellen.

Erlebnisfülle – Erlebnistiefe

Quantität gegenüber Qualität – eine uralte Alternative. In unserem speziellen Fall gehört sie folgendermaßen formuliert:

Erhöht man durch besonders hohe Durchsatzraten seine Chancen auf die wirklich erfüllenden und persönlichkeitsbereichernden Erlebnisse oder läßt man nur so wenig an sich heran, wie man sicher sein darf, daß es einen tief berührt.

Sieht man all die Erlebnis-Vielfraße, Programmpunkt-Abhaker und Systemvollzieher einmal genauer an, so mutet ihr roboterhaftes Verhalten befremdend bis belustigend an. Man fragt sich, ob das ständige Kreuzfeuer der Aktionen das eigene Ich mehr schützen oder mehr verbergen soll, und ob dies den Betreffenden überhaupt nie ins Bewußtsein eindringt. Und schließlich wenn ja, welche Begründung jedes einzelnen dieser »Manager in eigener Sache« halbwegs glaubhaft vorgebracht wird. Freud hätte die Flucht in ein derartiges

Dauer-Engagement vielleicht als Abart eines immanenten Todestriebes bezeichnet.

Heute nüchtern betrachtet handelt es sich entweder um die Unfähigkeit, den Zeitfaktor in den Griff zu bekommen, oder um die Vortäuschung eines permanenten Beschäftigt-Seins. Letzteres kommt bisweilen in den Erzählungen dieser Superaktivisten ganz kurz zum Vorschein, da erkennt man aus am Rande hingeworfenen Nebensätzen, wie dringlich es ihnen ist, das eigene Gewissen beruhigt zu sehen, um der so notwendigen Selbstbehauptung und vor allem ihrer Demonstration willen. Die erwähnte emotionelle Aufarbeitung von Erlebnissen (besonders aus so verschiedenen Gebieten wie Natur, Kultur, Technik und Mensch) ist nun einmal keine Fließband-Sache. Wer es dennoch versucht, wird daran scheitern.

Erlebnistiefe kann man sich genauso wenig »verschreiben« wie man sich von einem Moment auf den anderen von seinem gedrängten Erledigungspensum trennen kann.

Ein intensives Lebensgefühl resultiert nämlich aus der Ganzheit des Erlebens mit allen Sinnen und der Wärme des Urvertrauens in das Dasein. Man nimmt Natur, Jahreszeiten, Feste und Begegnungen in sich auf, es widerfährt einem soviel, was einen im Grunde der Seele berührt. Dies beruht freilich weniger auf Sensationen als auf einem starken Erfüllt-Sein mit Lebensmut und Glauben, weniger auf Lust als auf inniger Freude, das bringt nicht soviel Nervenkitzel mit sich wie vielmehr ein positives Gespanntsein im Hinblick auf künftige Aufgaben.

Woran erkennt man nun Menschen, die die Gabe tiefen Erlebens haben (– oder sollte man von einer Gnade sprechen)?

An ihrer Sicherheit und Unabhängigkeit, ihrem Identitätsgefühl und dem Streben nach Selbstvervollkommnung, das wiederum seinerseits in der altruistischen Einstellung, stets zu geben und zu helfen, zum Ausdruck kommt. Damit legen sie den Grundstein zu einem Klima des Verständnisses und der Anteilnahme am Wohlergehen ihrer unmittelbaren Gesellschaft und darüber hinaus auch zu einem ethischen Fortschritt eines größeren Gesellschaftsverbandes.

Bei ihnen ist ein gelungener Wechsel von Spannung und Entspannung der Garant für psychische Resonanz. In den Perioden der Rücknahme von Aktivitäten hallen die Eindrücke des Erlebten in ihrem Inneren gleichsam wider und lösen damit in der Folge ausgereifte und klar umrissene Gefühle aus (wobei eine mögliche Ambivalenz von Gefühlen keinen Widerspruch darstellt).

Somit kann als augenscheinlichstes Verhaltensmerkmal ein temporäres Sich-völlig-Zurückziehen von Menschen und Ereignissen angesehen werden.

Nun hat ein jeder seine ureigenen persönlichen Schwerpunkte des Erlebens – und zwar richten sich diese nach den Fähigkeiten, den Interessen und Neigungen (mit Ausnahme von eingeschränkter Freiheit, was wir hier ausklammern möchten).

Hat die Vernunft die Interessensphäre einmal erkannt, hat das Gewissen diese sanktioniert, sind die nötigen Energien freigegeben worden, so steht der angestrebten Erlebnistiefe eigentlich nichts mehr im Wege.

Eigentlich – so die beschriebene Einstellung wirklich zur Überzeugung wird.

Wie das Zusammenspiel von herausragenden Talenten und deren, manchmal gar nicht bewußtem, Ausnutzen zu großer Wirkung auf Um- und Nachwelt geführt haben, zeigt anhand einiger Beispiele das nächste Kapitel.

Einige wohlbekannte Hochfrequenz-Typen

Maniker sind Menschen, die einer Manie unterworfen sind, was im Alt-Griechischen Besessenheit und Raserei, im Neu-Griechischen soviel wie Wahnsinn bedeutet. Im allgemeinen Umgangsvokabular wird unter Manie zwanghaftes Verhalten und leidenschaftliche Liebhaberei verstanden.

Der Psychiater bezeichnet damit einen abnormen Erregungszustand, der jenen Teil der manisch depressiven Psychose darstellt, für den in bestimmten Rauschformen eine grundlose, übersteigerte Heiterkeit, Selbstüberschätzung, mangelnde Selbstkontrolle, Antriebssteigerung, Gedankenflucht und Realitätsverlust symptomatisch sind. Der Gegensatz kommt in der depressiven Phase zum Tragen, wo Apathie und völlige Niedergeschlagenheit vorherrschen.

Nun zu einigen Beispielen: Der Monomane leidet unter fixen Ideen, der Pyromane unter der Besessenheit, sich mit dem Feuer beschäftigen zu müssen, und der Kleptomane unter der Lust zu stehlen. Mit Absicht wurde das Wort »leiden« verwendet, da Zwänge allgemein als unlustbetonte Äußerungen des Trieblebens empfunden werden. Im Unterschied zu den zuvor behandelten Süchten, die durchwegs lustbetonten Charakter haben.

Als nächstes wollen wir den *Fanatiker* skizzieren.

Das lateinische Wort »fanum« bedeutet soviel wie

heiliger Wert. Der Fanatiker gehorcht einer inneren Stimme, die ihn gleich einer heiligen Notwendigkeit leitet.

Er wird mit einer Prädisposition geboren und zeigt von frühester Kindheit an eine überdurchschnittliche Hingabebereitschaft an augenblickliche Reize und Eindrücke und einen Hang zum Extremen.

Ihm fehlt ein ruhender Kern.

Sehr typisch ist die fanatische Intensität des Verhaltens, in vielen Fällen ungeklärt, ob Inhalte, Ideen oder Werte als Antriebsmotoren wirken *oder* der psychische Zustand, der die Dichte des Erlebens potenziert.

Dem Fanatiker fehlt das selbstverständliche, unproblematische In-der-Welt-Sein, wahrscheinlich als Folge eines geringen Geborgenheitsgefühls in der Jugend. Auch mangelt es ihm am Urvertrauen, weil er frühzeitigen Zweifeln und Enttäuschungen ausgesetzt war und dadurch in ein starkes Spannungsfeld von seelischen Gegensätzen und Interessen geriet. Der Mitbegründer der Psychoanalyse C. G. Jung nennt den Fanatismus daher einen überkompensierten Zweifel.

J. Rudin teilt in seiner ausführlichen Arbeit über diese Erscheinung dem Fanatiker folgende Charaktere zu:

– rabiate Landsknechtnaturen
– Aktivisten (auch G'schaftlhuber genannt)
– Fanatiker auf höherer geistiger Ebene

Ersteren beiden ist jegliche tiefere Erlebnisfähigkeit abzusprechen, sie machen ihre innere Leere nach außen hin wett. Letzteren wird man am treffendsten als dialektischen Spiegelfechter bezeichnen können. Um nur einige Beispiele aus alltäglichen Begegnungen näher zu spezifizieren, wollen wir eine bunte Reihe von Mitmenschen Revue passieren lassen, die von solch einer inneren Stimme getrieben werden:

Der Besessene, der Enthusiast, der Querulant, der Eiferer, der Perfektionist, der Pflichtfanatiker, der Wehrdienstverweigerer aus religiösen und ideologischen Motiven und schließlich der Reinlichkeitsfanatiker. Woran Sie diese erkennen können?

Manchmal schon rein äußerlich an einer asthenisch-leptosomen Physiognomie, am Winkelprofil oder an muskulösen Verspannungen. Verhaltensmäßig wird einem ein Übermaß an Aggressivität, an Sprunghaftigkeit, Unrast, Hysterie und Kompromißlosigkeit auffallen. Fanatiker sind absolut unbelehrbar, ihre Vorstellungen neigen zur Fixation und sie selbst fassen ihre innere Nötigung als Sendung auf.

Möglicherweise ist Ihnen bereits beim Lesen dieser Zeilen jemand aus Ihrer näheren Umgebung aufgefallen, den man als Fanatiker identifizieren könnte. Denn, *so* rare Exemplare sind sie gar nicht ...

Hektiker sind Leute, deren fieberhafte Betriebsamkeit besonders kraß auffällt. Sie sind die Kinder unseres Wirtschafts- und Industriezeitalters, sie erledigen sehr viel und dies in kurzer Zeit, was nicht heißen muß, daß sie auch immer sehr effizient sind. Ihnen merkt man die innere Spannung am ehesten an. Fahrige Bewegungen und bisweilen nervöse Zuckungen zeichnen das äußere Erscheinungsbild. Man findet sie meist in Großstädten, sie wühlen sich durch ihre dichtgepackten Programme und bemerken gar nicht, daß ihnen ihre Lebensart kaum Gelegenheit zur Besinnung gibt, geschweige denn zur genüßlichen Freude.

So kann man den Hektiker als Opfer seines schlechten Nervenzustandes eigentlich nur sehr bedauern.

Der *Chaot* ist einer, der in lebender und toter Materie Unordnung stiftet, und dem dies meist gar nicht auffällt. Ist es ihm aber bewußt, so stört es ihn weiter nicht.

Die physikalische Chemie hat eine thermodynamische Meßgröße, Entropie benannt. Sie beschreibt den Unordnungs-Zustand von abgeschlossenen Systemen und kann zahlenmäßig nur zunehmen oder, im Idealfall, gleichbleiben. Demzufolge wählt die Natur und damit unsere Welt einen Zustand immer größerer Unordnung. Vielleicht fühlt der Chaot intuitiv, daß die augenscheinliche Ordnung mit all ihrer Geometrie, Mathematik nebst der Unzahl von Regeln – eben bloß Schein ist.

Vielleicht bedeutet Chaos für ihn Ordnung und umgekehrt. Im sozialen Verband jedenfalls ist er ein ungeliebter Geselle, seine phantastischen Aktionen bringen einen aber oft zum Schmunzeln. Schwierig ist es, sich auf ihn einzustellen, so man von ihm abhängig ist.

Beneidenswert ist nur er selber, denn er überträgt seine seelischen Spannungszustände mit verblüffender Selbstverständlichkeit, ja manchmal mit grenzenloser Selbstherrlichkeit auf seine Umwelt und steigt dabei selbst immer gleich dem Phönix aus der Asche empor. Warum haben wir diese Charakter-Typen mit Extrem-Merkmalen nun einer Kurzbetrachtung unterzogen?

Weil wir einige historisch bedeutende Menschen erwähnen wollen, deren starke innere Spannungen zu großen Leistungen führten. Und weil es im einzelnen Fall – selbst für die Biographen – nicht immer klar ist, welchem Terminus die jeweilige Persönlichkeit zuzuordnen ist. So haben wir hier die wichtigsten Begriffe als Eckpfeiler eines sicherlich manchmal überlappenden Beobachtungsfeldes angegeben.

Der große russische Schriftsteller Fjodor Michailowitsch Dostojewski war ein extrem leidenschaftlicher Roulette-Spieler, der sich den Roman »Der Spieler« sozusagen von der eigenen Seele »heruntergeschrieben« hat. Gleich einem Besessenen spielte er in Casinos, solange bis all sein Vermögen verloren war. Danach machte er recht beträchtliche Schulden, spielte weiter und verlor wiederum alles. Seiner Frau versprach er täglich hoch und heilig, nie wieder ein Casino zu betreten. Das Versprechen währte jeweils bis zum anderen Tag, und so geriet er bald an den Rand des Ruins (was übrigens Stefan Zweig in seinem Roman »24 Stunden aus dem Leben einer Frau« besonders plastisch zu schildern gelungen ist). Erst *nach* dem Verlust von Hab und Gut, erst *nachdem* seinem Schuldgefühl durch ausgiebige Bestrafung Gerechtigkeit widerfahren war, *gestattete* Dostojewski sich, wie Sigmund Freud es so klar definierte, einige Schritte auf dem Weg zum literarischen Erfolg zu machen, und legte damit den Grundstein für sein umfangreiches und bedeutendes Schaffen. Scheinbar unverständlich – und doch zutiefst menschlich ...

Richard Wagner hat einmal gesagt, daß Kunst das Eingeständnis der eigenen Impotenz ist. Sie stelle keinen Luxus dar, sondern entspringe dem quälenden Zwang der psychischen Selbsterhaltung. Dies wäre nur möglich mit kolossalen Phantasiekompensationen.

Van Gogh fühlte sich »um das körperliche Schaffen betrogen und suchte Gedanken anstatt Kinder zu zeugen, um trotzdem mitten im Menschlichen zu stehen«. In Arles erlebte er seinen höchsten Schaffensrausch. In wilder, selbstzerstörender Manier, hungernd und verkannt, malte er innerhalb 14 Monaten mehr als 200 Bilder. Die Schöpfung wurde ihm dabei zum Diktat, der

Dämon, der ihn an der Kehle hatte, duldete kein Atemholen. Derselbe van Gogh zerschlug einmal in einem Anfall von blinder Raserei eine Weinflasche auf dem Kopf von Gauguin – die daraufhin aufkommende Reue ließ ihn sich selbst ein Ohr abschneiden und es seinem Malerkollegen, in Papier eingewickelt, überbringen. Welch enorme seelische Kräfte werden da sichtbar!

Im Falle der historischen Persönlichkeiten haben wir diese Kräfte in Form ihrer genialen Kompensationen überliefert bekommen.

Nun noch zu einem Beispiel aus der Gegenwart:

Der bekannte Film- und Bühnenschauspieler Karl-Heinz Böhm, Sohn des verstorbenen weltberühmten Dirigenten Karl Böhm, nahm im Jahre 1981 an einem Fernseh-Quiz teil, in dessen Verlauf er eine Wette verlor. Sein Einsatz bestand darin, etwas für die Hungerbekämpfung in Afrika zu leisten. Was aus dem damaligen, so spontan gefaßten Entschluß geworden ist, ist inzwischen vielen Leuten zu Ohren gekommen; eine von Böhm initiierte, weltweit sehr erfolgreiche Kampagne zur Rettung von Menschenleben in den ariden Zonen dieses Kontinents. In einer Phase der inneren Emigration, die er als Schauspieler seit geraumer Zeit durchmachte, gab er sich in aller Öffentlichkeit einen Anstoß zu dieser Hilfsaktion, die so viel Begeisterung einerseits und so viel Dankbarkeit andererseits hervorruft.

Allgemein sagt der Philosoph E. Bahlsen dazu, daß menschliche Schwächen nur dort zu schöpferischen Stärken werden, wo sie als dynamische Antriebsformen in Verbindung mit wertbestimmenden Erlebnissen an der Verwirklichung idealer Werte mitwirken. Somit vermögen sich selbst eingestandene und als quälend empfundene Charaktermängel nur dann außerordentliche

Werte zu kreieren, wenn sie aus *eigener persönlicher Erfahrung* zur Erfüllung von Idealvorstellungen herangezogen werden können.

Ebenso wie sich bei den erwähnten Männern ihre unerträglichen inneren Spannungen in außerordentlichen Leistungen manifestierten, trat dies im Laufe der Geschichte noch bei einer Reihe weiterer bedeutender Leute auf. Wir wollen hier nur die herausragendsten namentlich anführen und ihre Tätigkeitsbereiche grob umreißen:

Nächstenliebe: Tolstoi, Pestalozzi, Schweitzer
Religion: Calvin, Münzer, Mutter Theresa
Kunst: Michelangelo, Beethoven
Politik: Cromwell, Napoleon, Lenin

Sie alle verstanden es, starke, innere Werterlebnisse in die Tat umzusetzen, sei dies einem Zwang folgend, einer heiligen Stimme oder einer Besessenheit.

Sie alle waren aber auch einmal Kinder, und als solche unschuldige, niedliche Wesen, von denen niemand ahnen konnte, wohin ihr Weg sie führen sollte.

So muß es uns doch jetzt interessieren, wie sich der aufkeimende und rasch zunehmende Reizhunger des jungen Menschen entwickelt und was ihn im Anfangsstadium am meisten formt. Dies wollen wir im folgenden etwas genauer betrachten.

Wechselwirkungen zwischen Reizverlangen und einigen seelischen Vorgängen

Mit den Kindermärchen fängt's an

Vorerst müssen wir uns einige grundsätzliche Fragen stellen:

Was geschieht in einem jungen Menschenleben von Anbeginn?

Welche seelischen Regungen herrschen in den ersten Monaten, in den ersten Jahren vor?

Bei der Geburt sind bereits ungeprägte Reflexe vorhanden, durch Versuche, Irrtümer und Wiederholungen jene Funktionen zu erlernen, die den Organismus in bezug auf die Umgebung regulieren. Auf eine Umgebung, die der Säugling gar nicht so erfreut aufnimmt. Der Beobachtung einer uranfänglichen Ablehnung dieser reizspendenden Umwelt von seiten eines narzißtischen Ichs entsprang sogar eine Theorie Freuds, derzufolge das Gefühl des Hasses älteren Ursprungs ist als das der Liebe.

Ist die Außenwelt nun aber einmal als unabwendbar und unabänderlich erkannt worden, sieht der junge Mensch schließlich ein, daß er sich *in ihr* und *ihr gegenüber* behaupten muß. Damit kommt es auch schon zu den ersten existentiellen Ängsten: zum Bedürfnis nach Liebe, zur Furcht vor der eigenen Nutzlosigkeit, vor dem Verlassen-Werden und vor dem Tod.

In dem kleinen Erdenbürger beginnt sich eine extreme Gefühlswelt aufzubauen, die vielfach als Chaos empfunden wird. Nun liegt es an den Eltern, dem Kind zu helfen, ihm in seinen Nöten beizustehen. Wie bewerkstelligen es Vater und Mutter in den meisten Fällen, ein »gesundes Selbstvertrauen« und einen »starken Selbstbehauptungswillen« zu wecken?

Indem sie mit positivem Beispiel vorangehen, indem sie dem Kind beibringen, im Grunde seien alle Menschen gut und es sei die Pflicht der Kinder, ebenfalls nur ihre guten Eigenschaften geltend zu machen, dann hätten sie auch ein Anrecht darauf, von jedermann anständig und ehrlich behandelt zu werden.

Aber wo liegt nun, vom Kind aus gesehen, die Realität?

Schon bald macht sich in den kleinen Köpfen die Ahnung breit, daß dem nicht so ist. Vorerst kommen sie sich noch wie kleine Ungeheuer in einer von den Eltern idealisierten Welt vor, weil sie selber doch *auch Böses* denken, fühlen und ins Werk setzen. Nach und nach begegnen sie jedoch der Grausamkeit, der Lüge, dem Neid, dem Haß. Sie merken, daß die Wirklichkeit nicht so ideal ist, wie sie Vater und Mutter dargestellt haben. Der nächste Erkenntnisschritt ist dann bereits ein Fehler-Erfassen bei den Eltern selbst, und damit nistet sich der kritische Zweifel tief in den Herzen ein und soll so schnell nicht mehr daraus entweichen. Gibt es nun aber ein Allheilmittel, das aus diesem Dilemma führt? Ja, das heißt schlicht und einfach Märchen.

Das Märchen, das der bedeutende zeitgenössische Sozialpsychologe Bruno Bettelheim als einen *Zauberspiegel* bezeichnet, der die innere Welt der Kinder, ihre Ängste, Wünsche und Phantasien reflektiert und zeigt, welche Entwicklungsschritte zu ihrer Reife notwendig sind.

Diese literarische Form, die in Worten ausdrückt, was

in Kinderköpfen vor sich geht, vermittelt Botschaften, spricht alle Ebenen der Persönlichkeit gleichzeitig an und konfrontiert sie mit den grundlegenden menschlichen Nöten.

Märchen beinhalten gleichermaßen Magisches und Übernatürliches, sie regen die Vorstellungskraft an und inspirieren zum Fabulieren. Gute Märchen, vor allem über viele Epochen tradierte Volksmärchen, sind wahre Kunstwerke, die sich durch vielschichtigen Reichtum und Tiefe auszeichnen und Kinder dadurch für die höheren Dinge des Lebens gewinnen. Sie steigern das Verlangen nach einem umfassenderen Bewußtsein und helfen somit, die eigene Identität und den Lebenssinn zu entdecken – und schließlich unabhängig zu werden. Märchen erfreuen und belehren, zugleich bieten sie dem jungen Menschen auch jederzeit Gelegenheit, sich wieder aufzurichten und, wenn nötig, der Realität zu entfliehen und sich zu trösten. Noch etwas ist besonders wichtig im Hinblick auf das spätere Leben als Erwachsener: Wer die Botschaften klar zu durchblicken vermag, der begreift auch sich selber viel besser. Der Allmacht einer Realität mit ihren vielen verwirrenden Erklärungen wird die wohltuende Strahlkraft der Phantasie entgegengesetzt, und – siehe da – diese ist es auch, die allzeit Hoffnungen einzuflößen vermag – Hoffnungen, ohne die sämtliche Widrigkeiten des Daseins kaum zu bewältigen wären. Somit wird bereits in einem sehr frühen Entwicklungsstadium verhindert, daß die Phantasie in den engen Grenzen weniger Wachträume steckenbleibt. Werden auch die außerhalb der Wirklichkeit entstandenen Wunschgebilde als unreal empfunden, so ist die hieraus geschöpfte Zuversicht wohl etwas in höchstem Maße Reales.

Nach alledem hätten Kindermärchen keinen spannungsaufbauenden, sondern, im Gegenteil, einen spannungslösenden, ja sogar einen allgemein kalmierenden Effekt. Der Leu wird nicht nur nicht geweckt, er wird geradezu eingeschläfert ...!

– Die extremen Gefühle schlüpfen in Märchenfiguren und werden, je nach dem Charakter, entweder belohnt oder erschlagen.
– Das Böse begegnet einem auf derselben Ebene wie das Gute – dadurch wird einem bewußt, daß es im Leben genauso ist.
– In Gesellschaften mit immer schwächer werdenden hierarchischen Zügen will der Knirps auch einmal mit Helden konfrontiert werden – mit solchen, die, ganz auf sich gestellt, in die Welt hinausstürmen, die um allerletzte Dinge Bescheid wissen und sich in stetem Selbstvertrauen allerorten bestens bewähren.
– Das Kind entdeckt Hintergründe und in der Realität schwer zu durchblickende Zusammenhänge, es erhascht somit eine Reihe von Aha-Erlebnissen und darf schließlich nach dem Zittern für »seinen Helden«
– ein alles in Wohlgefallen auflösendes »Happy-End« genießen.

Nun fällt es angesichts der Schwarzweißcharakterisierung der Märchenfiguren nicht schwer, auch die Farben unserer Meinungsbrille auszutauschen und den diametral entgegengesetzten Standpunkt einzunehmen:

– Märchen verschweigen viele Schwierigkeiten des Lebens,
– bestimmte Sprachsymbole vermitteln den Eindruck, daß es sich um nichts »Wirkliches« handelt,
– intensive Wünsche werden geweckt (wie die Könige möchte das Kind auch sein eigenes Reich haben),

- Gewalt und Grausamkeit werden als selbstverständlich hingestellt und schließlich
- wird die dichte Darstellungsform ein immer stärker werdendes Verlangen nach komprimierter Spannung hervorbringen.

Ist hiermit alles zuvor als so entwicklungsfördernd und persönlichkeitsdienlich Dargestellte mit einem Schlage weggewischt?

Keinesfalls.

Märchen stellen das Kind zwar vor allerlei schwierige Aufgaben und fordern es heraus, spornen aber andererseits verschiedene Eigenschaften an und helfen damit bei der Bewältigung der eigenen Probleme. Sie lassen die kleinen Zuhörer in kurzen Zeitspannen den Zyklus Spannung – Entspannung gleich mehrmals durchlaufen und bereiten dadurch auf Anforderungen vor, die das Leben den Erwachsenen stellt.

Daß der immensen Neugierde, dem schier unstillbaren Wissensdurst Stoff zur Verarbeitung geboten werden muß, ist doch selbstverständlich. Dazu eignet sich nichts besser als in sich geschlossene, literarisch wertvolle Erzählungen, die die Wirklichkeit in ihren Extremen an die Wißbegierde heranzutragen verstehen.

Somit kann die Kapitel-Überschrift inhaltlich nur bestätigt werden, allerdings mit einer Auflage: Eine vernünftige Führung von seiten der Erziehungspersonen wird nur dann das Zweckmäßige, der Entwicklung Förderliche in Erscheinung treten lassen, wenn die Erarbeitung der Fabel von seiten des Erzählenden und des jungen Menschen *gemeinsam* angestrebt wird.

Vielleicht kann ein Beispiel die Zwiespältigkeit der Wirkung am anschaulichsten verdeutlichen:

Trägt die sanfte, verständnisvolle Stimme einer geduldigen Großmutter das Märchen vor und fügt sie noch die notwendigen Erklärungen hinzu, so scheint dessen phantasieweckende, letztendlich spannungslösende und die Wirklichkeit interpretierende Funktion erfüllt.

Zerstört ein zeitbeengter Vater das Flair dieser kleinen Kunstwerke, verleiht er seiner Ungläubigkeit und seinem Staunen über die Formulierungen mit überlegener Ironie Ausdruck, werden die brutalen Passagen von einem gewissen Sensations-Vibrato überspitzt herausgestrichen, dann geht die Wirksamkeit all der Symbole psychologischer Ereignisse und Probleme mit Sicherheit verloren.

Spannung und Sexualität

In seinen Vorlesungen hat Sigmund Freud all das als Sexualität umrissen, was den Gegensatz der Geschlechter, den Lustgewinn, die Fortpflanzung und das geheimzuhaltende Unanständige berücksichtigt.

Nehmen wir den Geschlechtergegensatz und den Fortpflanzungstrieb über längere Perioden der Geschichte als konstante Gegebenheiten an, so schwanken Lustgewinn und Grad der Tabuisierung in weiten Grenzen. Gäbe es eine gesammelte Moralgeschichte der Menschheit, so müßte man die Beobachtung machen, daß jeder Zeitabschnitt eine Reaktion auf den vorangegangenen darstellte. So folgten auf eine allgemeine Sittenlockerung mit zunehmenden Ausschweifungen stets Perioden der Selbstbesinnung – und umgekehrt: Immer nach Abschnitten eines besonders hochgespielten Enthaltsamkeitskodexes und nach den Mühsalen längerer

Kriegshandlungen trat eine rasch anwachsende Freizügigkeit im Moralischen und eine damit einhergehende Aufwertung der geschlechtlichen Erlebnissphäre ein. Hirn und Muskeln ließen sich für eine Weile in der Pufferzone des Unterleibs inspirieren. Als Beispiel hierfür sei der von vielen noch direkt miterlebte und bislang letzte Aufschwung der Sexualthematik mit Beginn der 60er Jahre angeführt:

Nach all den Entbehrungen und Ängsten stand man plötzlich der erstaunlichen Tatsache gegenüber, daß ein nicht unbeträchtlicher Teil des Reizempfängnispotentials freigesetzt worden war. Und schon wurde einigen Leuten klar, daß daraus Nutzen geschlagen werden konnte. Vornehmlich unter denen, die diese Entwicklung unterstützten, aber auch unter den vielen anderen, die sich bereitwillig steuern ließen. Der Mann und auch die Frau von der Straße sprachen anfangs noch hinter vorgehaltener Hand, bald aber immer lauter über das, was sie von nun an auch immer öfter taten. Als Konsequenz dessen erkannten sich die Damen der Schöpfung ein Anrecht auf Orgasmus zu. Damit begann bereits die koitalfunktionale Gleichberechtigung, sozusagen auf horizontaler Wettbewerbsebene.

Danach galt es noch, die Verhütung in den Griff zu bekommen, denn schließlich wußte man ja nicht, ob all diejenigen, mit denen man so gekonnt herumturnte, charakterlich auch in die Vorstellungen von einem eventuellen Lebensgefährten paßten. Jetzt aber war der Weg endgültig frei für die vielen Probegalopps auf der Suche nach dem idealen Partner, einem, der die gleichen Ansichten hatte wie man selbst (... in sich vermutete). Genügend Zeit nahm man sich dafür, und es war wahlweise zu einem billigen oder teuren Vergnügen zu gestalten. Je nachdem ob Zeitvertreib oder ob Prestige im Vordergrund stand.

Religion, Ethik, Gewissen brauchten gar nicht erst zurechtgebogen zu werden, denn es tat ja ohnehin ein jeder. Auch sprach bald jeder mit großer Selbstverständlichkeit darüber.

Noch brachte man die Begriffe durcheinander, verwechselte Sex mit Liebe, Liebe mit Erotik und Erotik mit Leidenschaft. Damals in den wilden 70er Jahren, als der allgemeine Wohlstand schon nach viel Abwechslung, gewürzt mit ein wenig Dekadenz, schrie ...

Mit dem Fernseh- hat auch das Nahseh-Zeitalter begonnen. Das Bett war mit einemmal Kommunikationsebene.

Eine globale Momentaufnahme aus dieser Zeit hätte einen kuriosen Status ergeben: Dasselbe, was bei den Menschen in den meisten Industrieländern den Reizhunger anfachte, diente den Natur- und stark religionsgebundenen Völkern nach wie vor als Entspannungsmittel. Aufbau für die einen, Abbau für die anderen ...

Ursprünglich gilt die sexuelle Betätigung, wie in der Tierwelt, als Ausgleich eines unlustbetonten Spannungszustandes, der in der Befriedigung des Triebes seine Auflösung findet. Sexualität resultiert ja aus verschiedenen Erregungsmomenten und hat die Aufhebung eines Organreizes zum allgemeinen Ziel. Folglich ist ihr eindeutig eine spannungsvermindernde Funktion zuzuschreiben. Die Erotik wiederum geht auf Perfektionierung eines kunst- und reizvollen Spieles aus, in dem die Partner vermittels Ausstrahlungs-Betonung, Lockung und Herausforderung intensive Situationen sehr bewußt anstreben. Besonders in Wohlstandszeiten trat die Erotik immer wieder aus ihrer Rolle der Geächteten heraus und erhob sich zum Dogma des Fortschritts.

Während jener Abschnitte, in denen der Mensch eine Verinnerlichung erfuhr, sich zurückzog und dabei reifte, mußte sie wieder mit allgemeiner Mißachtung vorlieb nehmen.

Zu guter Letzt ergeben sich im Zuge tiefer Zuneigungsgefühle und geistig-seelischer Hingabe ebenfalls Phasen starker Polarisierung, nur erfahren die Liebenden ihre Intensität, auch die im sexuellen Bereich, als Folge eines Ineinander-Aufgehens. Ihnen geschieht etwas, ohne daß sie danach streben.

Gehen wir von den beiden Extremen aus, so werden Menschen mit geringem Spannungsbedürfnis den geschlechtlichen Aspekt als solchen und auch ihre eigenen Aktivitäten als etwas Naturgegebenes ansehen, dem keine besondere Bedeutung beizumessen ist.

Für Hochfrequenz-Typen stellen vor allem die erotischen Spielarten der Sexualität ein geeignetes Betätigungsfeld dar, auf dem sie ihre Probleme und Verwirrungen in möglichst dramatischer Form austoben können.

Nehmen wir den Standpunkt eines durchschnittlichen, eher konstanten Reizhungers ein und ordnen diesem verschiedene Ausrichtungen der Erlebnisschöpfung aus dem Gebiet der sexuellen Impulse zu, so ergibt sich folgende Schlußfolgerung: Bei jedem erwachsenen Menschen kristallisiert sich sukzessive eine Grundeinstellung zum eigenen Triebleben heraus. Erziehungs- und umweltbedingt werden Phantasie und Intelligenz bestimmten Möglichkeiten zu dessen Bewerkstelligung den Vorzug geben. Bestehende Interessensphären und ständig wache Sinne, die auf eine Entfaltung der Persönlichkeit ausgerichtet sind, schaffen in einem dynamischen Reifeprozeß eine Wertskala, in die sich auch die Sexualität einzureihen hat.

Je weniger ausgeprägt das individuelle Pflicht- und Neigungsprofil ist, desto größer ist die Wahrscheinlichkeit, daß die geschlechtlichen Aktivitäten auf den vordersten Plätzen dieser Rangordnung zu finden sein werden.

In den naturgegebenen Belastungskomplex geht noch eine weitere Komponente der Sexualität ein, nämlich die Eroberung und Absicherung eines Geschlechtspartners.

Führt während der Pubertät und knapp danach eher der Zufall Regie, so erfolgt hierauf eine gezielte Ausschau nach einem Menschen, mit dem man beisammen sein möchte. Bei monogam veranlagten Individuen erreicht dieses Sich-Umsehen seinen natürlichen Abschluß in einem – wie immer gearteten – Beisammensein.

Für passionierte »Herumkoster« ergibt sich in der Jugend sicherlich viel Spaß, jedoch wenig Gefühls- und Erkenntnisschöpfung. Sobald die zweite oder gar die dritte Periode des Jungsein-Wollens zu Ende geht und ein Weniger an Erfolg ein Mehr an Erfolgssucht aufwiegen soll, stehen all die sich rasch arrangierenden Sammler leicht resignierend vor schwer lösbaren Aufgaben. Ist das übermäßige der Geschlechtslust Frönen eine Spätform des Kannibalismus, hat es seine Wurzeln in der Nachahmung triebstarker Persönlichkeits-Vorbilder oder ist es bloß ein Konsumgebot, so zieht es doch eine Anzahl von unerwarteten Nebenfolgen nach sich. Denn eines kehrt die recht vielschichtige Wechselbeziehung der beiden Komponenten klar hervor:

Je höher die Kulturstufe, je mehr Freiheiten dem Individuum zur Verfügung stehen, desto mehr Komplikationen schafft es sich selbst in den ursprünglich einfachsten Lebensbereichen, die eigentlich nur Freude und Erbauung bringen sollten.

Zusammenhänge mit dem Sadomasochismus

Nach der wechselseitigen Einflußnahme eines Teiles des Trieblebens soll nun die Querverbindung zu einem recht aufschlußreichen und signifikanten Charaktermerkmal zur Diskussion stehen:

In einigen (besonders stark konkurrenzbetonten) Gesellschaften nehmen neuerdings Anzeichen von Sadismus und Masochismus in erstaunlichem Maße zu. Beide Phänomene leiten sich aus dem sexuellen Bereich ab, müssen aber im Einzelfall nicht unbedingt ihren Ursprung darin und auch keine Verbindung dazu haben.

Sadistische und masochistische Wesenszüge treten für gewöhnlich in ein und derselben Person gemeinsam auf, in der Regel jedoch hat einer der beiden behaviouristischen Gegensätze entschieden das Übergewicht.

Erich Fromm beschreibt sie als zwei verschiedene Erscheinungsformen einer ausgeprägten Grundsituation, nämlich als die der vitalen Impotenz. Er sagt, der Sadismus sei eine Art als Mensch zu leben, sofern keine besseren Lösungen zur Verfügung stehen. Diese Eigenschaft sei nichts anderes als die Religion seelischer Krüppel. Sowohl Sadist als auch Masochist bräuchten ein anderes Wesen, das sie sozusagen »zu vervollständigen hat«.

Der Sadist mache ein anderes Wesen zur Erweiterung

seiner selbst, der Masochist mache sich selbst zur Erweiterung eines anderen Wesens. Beide suchten eine symbiotische Beziehung, weil sie beide keinen Mittelpunkt in sich hätten.

Noch Sigmund Freud hat den Sadismus der Männlichkeit und den Masochismus der Weiblichkeit zugeordnet – und beides als Musterbeispiele für die Verquikkung der Triebarten Eros und Aggression herausgestrichen.

Heute steht fest, daß lustbetontes Quälen und Leiden zwei Leidenschaften sind, die gegenläufige Spielarten von möglicher Sinngebung im menschlichen Dasein repräsentieren.

Der Sadist will aus einer Ohnmachtsposition heraus, die sich aus seiner inneren Leere ergibt, Macht über Lebewesen ausüben (diese aber keinesfalls zerstören, da er sie ja weiterhin als Ziel seiner Aktionen braucht), der Masochist trachtet aus dem gleichen Motiv danach, sich einer Macht zu unterwerfen (ohne sich dabei vernichten zu lassen).

Sie beide sind zur Sättigung ihres überdurchschnittlichen Reizhungers auf das menschliche (und manchmal auch tierische) Umfeld angewiesen, infolge mangelnder positiver Sinnschöpfung müssen sie sich in andere Wesen sozusagen »einhaken«.

Ideal ist eine Ergänzung der zwei Gegenpole in einer Partnerschaft, wenn nämlich dem Masochismus des einen der Sadismus des anderen entspricht. In der Mehrzahl der Fälle haben aber diejenigen unter dem Verhalten zu leiden, die keinerlei Spaß daran finden.

So bedauernswert die Umwelt dieser Quäl- und Qualfreudigen auch erscheint, letztendlich ist sie selber schuld daran, daß es soweit gekommen ist.

Die Gesellschaft, also wir alle, sind doch dafür verantwortlich, daß Kinder fehl- bzw. unterstimuliert aufwachsen, daß ihre Fähigkeiten größtenteils brachliegen und daß der junge Mensch auf der Suche nach geeigneten Beschäftigungen allmählich verzweifelt, wenn ihm niemand beisteht. Als Konsequenz all dessen ergibt sich dann zwangsläufig eine überdurchschnittliche Anfälligkeit für einfache und flache Reize. Später ist unser Mit-Mensch schon recht faul und passiv und gefällt sich in der Rolle, nur mehr auf ganz ausgefallene Sensationsmaschinerien zu reagieren.

Haben wir hiermit die Tatsache akzeptiert, daß der Sadomasochismus ein Produkt der Gesellschaft ist, so sollten wir uns alle, jeder für sich, umgehend die folgenden Fragen stellen:

– Inwiefern geben wir selbst mit unseren unbedachten Äußerungen von Gleichgültigkeit, Egoismus und Aggression zu jenen Ohnmachtsgefühlen Anlaß, aus denen solche lustbetonte Schmerzempfindungen bei anderen entstehen können?
– Woher rührt die eigene Lust am Quälen? Wo finden die eigenen überspitzten Demutsbezeugungen statt?

Damit leisten wir alle einen Beitrag zur allgemeinen Bewußtmachung des Faktums, daß viele Kräfte wesentlich nutzbringender angewandt werden könnten als in einem gegenseitigen Schmerz-Zufügen bzw. -Erwarten.

Alleine wenn man bedenkt, wieviel »Reibungsenergien« in bürokratischen Systemen wirkungslos verpuffen, bloß weil es Usus ist, nach oben hin zu buckeln und nach unten hin zu treten, und wieviele Mißverständnisse im Zuge von als solche nicht rechtzeitig erkannten sadistischen oder masochistischen Ausdrucksformen auftreten, muß man eigentlich über das Ausmaß an Unvernunft verzweifeln.

Woher stammt nun all das fruchtlose Beiwerk, das derart viele kostbare Kräfte von friedvoller und vernünftiger Wertgestaltung abzieht?

Vielleicht ist eine gewisse Art von Sadismus nur ein sich regelmäßig wiederholendes Scheinangriffsritual in stark konkurrierenden Gesellschaften – dort, wo Selbstschutz in einer Flucht nach vorne gesucht werden soll ...

Vielleicht entspringt er einer weitverbreiteten Verhaltensunsicherheit im allzu dichten Sozialgewirr, wo sich jedermann zu des anderen Richter aufspielt ...

Vielleicht ist er die einzige legale Maske der Aggression in Friedenszeiten, oder er hat sich selbst zum Hobby der Ausweglosigkeit und Stagnation gestempelt ...

All dem wird ein Körnchen Wahrheit innewohnen, das zentrale Motiv dürfte jedoch in psychoseartigen Schwierigkeiten mit der eigenen Person liegen und in der Folge in der Unfähigkeit, an seine Mitmenschen zu glauben und sie zu achten.

Platitüde! Werden Sie jetzt sagen. Wo wir den Werdegang des nicht adäquat inspirierten Kleinkindes vorausgesetzt und die spätere Passivität und generelle Ohnmacht als logische Folgerung dessen konstatiert haben ...

Wie soll denn ein *solcher Mensch* je lebensbejahende Eigenschaften entwickeln?!

Und doch gibt es so etwas wie Sternstunden der Selbstmotivation! Der verlottertste Straßenjunge, ja selbst der hohlste Medienglotzer haben Momente, wo sie ihre innere Feder auf höchste Dehnung spannen, sich am eigenen Schopf packen und sich aus dem trägen Strom der Unzufriedenheit hinauskatapultieren.

Dadurch, daß sie in diesen Augenblicken ihre Energien voll auf eine Idee, ein Thema, eine Person konzentrieren, können sie ihrer Menschlichkeits-Kurve einen »atypischen« Knick versetzen, der Milieutheorie ein Schnippchen schlagen. Und sie werden sich dabei zum ersten Mal selber fühlen, sich vorerst noch scheu betasten, weil sie die neue Rolle noch als recht ungewohnt empfinden und danach wahrscheinlich ihr erstes wahres Freudengefühl erleben.

Einen Sadisten, einen Masochisten, die beide sich und ihre herausragende Charaktereigenschaft sehr ernst nehmen, wird ein solch wohliges Glücksgefühl nie durchrieseln, denn Freude setzt Freisein voraus, und beide sind ja Sklaven ihres überdurchschnittlichen Reizhungers.

Also die Umwelttheorie als Erklärung für den Werdegang: Ja. Als persönliche Ausrede: Nein!

Nun hat es aber den Anschein, als ob der Sadist von frühester Jugend an ein Opfer seiner Umgebung und ständig von plumper Lust gepackt wäre, Lebewesen zu verletzen und zu demütigen. Dem ist aber nicht immer so.

Gerade unter Menschen mit stark ausgeprägter sadistischer Veranlagung findet man solche, die einen hohen Intelligenzgrad und große Phantasiebegabung aufweisen.

Diese tarnen sich meist äußerst geschickt und verstricken ihre Mitmenschen mit der Präzision eines Psychokrimi-Autors in die teuflischsten Ränkespiele und treiben sie dadurch oft und oft an die Grenzen des Wahnsinns.

Sie stellen viel Unheil an und täten gut daran, ihre Aktivitäten im Sexuellen auszutoben, wo sie einem hungrigen Masochisten eine willkommene Ergänzung darstellten.

Nun wäre aber auch zu erwähnen, welche Varianten des Spannungsbedürfnisses bei geringer oder völlig fehlender sadomasochistischer Veranlagung bestehen.

Sieht man von einer autistischen Teilnahmslosigkeit ab, so hat man es hier mit ausgesprochen friedfertigen und wohlausgewogenen Persönlichkeiten zu tun, mit solchen, die ihr Dasein im Einklang mit sich und der sie umgebenden lebenden Materie verbringen. So sie nicht von Narzißmus, von besonderer Gier und Aggression besessen sind, kann man sie schon zu den Leitbildern der menschlichen Gesellschaft rechnen.

Wieso dies mit solcher Sicherheit behauptet werden kann? Die Erklärung hierfür liegt bereits in ihrem Werdegang – die angedeutete Charakterstruktur wäre nie zustande gekommen ohne die Art von Stimuli, welche eine höchst eigenständige und altruistische Lebensführung überhaupt erst gestatten. Solche Mitbürger finden daher recht oft den Zugang zu inspirierenden Reizkonstellationen, und sie nehmen sich auch die Zeit zu jener inneren Muße, die zur Verarbeitung notwendig ist.

Somit sind sie weitgehend autark und dank ihrer Vorbild-Rolle gleichermaßen meinungsformend wie gemeinschaftsdienlich.

Ist ihrem Streben noch eine herausragende Sinngebung eigen, so erkennen wir in diesem eingeengten Rahmen jene wahren Persönlichkeiten, denen es – nach Paulus' Definition – gelingen soll, von der Freiheit, Kinder Gottes zu sein, auf die nützlichste Weise Gebrauch zu machen.

Unsere Träume – Ansporn oder Ventil für den Erlebnishunger

Ein jeder von uns »verträumt« einen ganzen Monat pro Jahr, d. h. 30mal 24 Stunden auf die Dauer seines Lebensjahres umgelegt, wenn wir, wie Traumforscher übereinstimmend festgestellt haben, bei unserem täglichen Schlaf von ca. acht Stunden ein Viertel von Träumen erfüllt annehmen dürfen.

Warum hat diese Sphäre von jeher eine so ungemeine Faszination ausgeübt? Weil all die außerhalb der Bewußtseinskontrolle liegenden Erlebnisse eine so außergewöhnliche Symbolik beinhalten und damit das gesamte Dasein auf merkwürdige Weise zu beeinflussen scheinen. In der hellenistisch-römischen Periode fiel den Traumdeutungen eine wesentliche, ja sogar schicksalhafte Rolle zu, die auf ihrem Höhepunkt im Traumbuch des Artemidoros von Daldis (2. christliches Jahrhundert) ihren Niederschlag fand. Danach verdichtete sich im europäischen Kulturkreis immer mehr die Überzeugung, daß die Beschäftigung mit den Träumen Aberglaube und Frevel ausdrücke, was zur Folge hatte, daß sich die Menschen bis ins 19. Jahrhundert von jeglicher Auseinandersetzung damit fernhielten. Erst Sigmund Freud begründete die wissenschaftliche Traumforschung und klassifizierte die Themenkreise in solche, die Körperreize, Tageserlebnisse, Kindheitserinnerungen sowie aktuelle Wünsche und Konflikte zum Ursprung haben. Damit war erstmalig ein Zugang zur Sphäre des Unbewußten erschlossen, und Impulse für eine Menge neuer Thesen auf den Gebieten der Humanwissenschaften waren die Folge. Bis heute sind diese auf Wiederherstellung des psychischen Gleichgewichts ausgerichteten Szenenabläufe Gegenstand reger Forschungstätigkeit geblieben. Nachdem die Neurophysiologie den existentiellen Beweis mittels schneller Pupillenbewegungen und hirnelektrischen Strömen sehr bald erbracht hatte, wandte sich das Interesse vornehmlich der Interpretation der Erlebnisinhalte zu. Im Zuge von Laborversuchen wurde besonders bei schlafbeendenden Träumen, von denen das soeben Erlebte in aller Frische und Deutlichkeit berichtet wurde, eine derartige Geschehnisdichte registriert, daß Zusammenhänge mit den aktuellen Ereignissen immer deutlicher zutage traten.

Uns steht es jedoch in dem vorliegenden Rahmen nicht zu, auf die Suche nach dem verborgenen Sinn und allfällige Interpretationen einzugehen, sondern wir wollen die gegenseitige Beeinflussung mit Erregungszuständen im Wachen näher betrachten.

Hat der Traum überhaupt etwas mit der Spannung gemeinsam? Eines auf jeden Fall: Beide erhalten ihre Impulse aus zweierlei Richtungen: Wir haben im ersten Kapitel Erregungsimpulse

- von außen (Umwelt) und solche
- von innen (Triebe) kennengelernt.

Die traumauslösenden Reize können ebenfalls

- von außen kommen (optische, akustische, den Tastsinn ansprechende Reize) und auch
- von innen (Leibreize, wie sie Freud nannte, z. B. Organpressuren, Völlegefühl etc.).

Natürlich existiert keine dritte Quelle als mögliche Reizherkunft, aber die Sowohl-als-auch-Possibilität ist jedenfalls als Parallele zu vermerken.

Eine weitere Gemeinsamkeit beruht darauf, daß beide Phänomene erst dann genauer durchschaut werden können, wenn man sie mit dem aktuellen Anlaß, der sie ausgelöst hat, in Zusammenhang bringt. Über Quellen und Deutungen des Ursprungs hinaus wird nicht mehr allzuviel Ähnliches zu entdecken sein. So scheint es zumindest auf den ersten Blick. Wertet man aber die optischen und akustischen Wahrnehmungen als von der übrigen Schlafenszeit klar abgehobenen Erlebniszustand, dann muß man ihnen eine analoge Stellung zuschreiben wie Momenten gesteigerten Engagements gegenüber den Ruheperioden während des Wachseins. In ein Schema gebracht wird das folgendermaßen aussehen:

traumloser Schlaf	↔	Traum
Ruhezustand im Wachen	↔	Spannungsmomente

Somit ist der Traum auch als die Feder des Schlafes zu bezeichnen, die nach entsprechender Dehnung bzw. Kompression den Organismus in den Status völliger Entspanntheit zurückgleiten läßt.

Was bringt die Feststellung dieser Ähnlichkeit letztendlich? Beide Gebiete sind relativ schwer zugänglich. Die Geheimsprache des Traumes zu dechiffrieren gelingt bloß mit Hilfe von subjektiven Berichten und anschließender freier Assoziation.

Die psychische Spannung als solche wird von diversen Wissenschaften zwar als deskriptiver Terminus angewandt, genauere Analysen über Ursprung und Charakter sind aber nicht bekannt.

Was liegt also näher, als phänomenologische Querverbindungen zwischen diesen verwandten Gebieten aufzuspüren und sie gemeinsam zu untersuchen!

Vielleicht bietet sich dabei so mancher Analogieschluß an, im Zuge dessen sich auf dem einen oder anderen Bereich eine neue Erkenntnis ergibt ...

Nun soll aber auf das eigentliche Thema eingegangen werden:

- Wie spannungsgeladen sind unsere Träume?
- Wie weit fliegen unsere Gedanken ins Phantastische, Visionenhafte hinein, wenn wir uns in besonders starken Erregungszuständen befinden?
- Inwieweit beeinflussen Traum und Erregung einander und beides gemeinsam das individuelle Spannungsbedürfnis?

Zur Gemütserregung beim Träumen wäre folgendes zu sagen:

Die Geschwindigkeit der Pupillenbewegungen (bei geschlossenen Lidern) ist ein direktes Maß für die Intensität der Träume. Je höherfrequent diese REM-Phasen (*R*apid-*e*ye-*m*ovement-Phasen = Perioden rascher Augenbewegungen) sind, desto extremer ist das Gefühlsaufkommen des Schlafenden. Dabei muß erwähnt werden, daß lustbetonte und angenehm empfundene Inhalte genauso aufzuwühlen vermögen, wie Schreckens- und Angstvisionen dies für gewöhnlich tun. Nicht bloß Versäumnis-, Entbehrungs- und Verfolgungsszenen heben den Träumenden in höchste Höhen geballter Gefühle empor, auch erfreuliche, ja paradiesische Erlebnisse und Wunscherfüllungen finden im Traumrealismus allerstärksten Ausdruck.

So kommt es in vielen Träumen zu wesentlich dichteren Stimmungen, als dies im Wachzustand der Fall ist, was einerseits auf die uneingeschränkte Freiheit, andererseits auf die Ohnmacht, sich aus einem Erlebnisfluß zu befreien, zurückzuführen ist. Erst im Zuge eines allmählichen Abklingens spürt man erleichtert, daß ja alles nur ein Traum war ...

Augenblicke zuvor stand man noch auf der Bühne,

auf der höchstpersönliche Konflikte in symbolischer und verschlüsselter Form abgehandelt worden sind. Plötzlich fällt der Vorhang, und man sitzt auf der anderen Seite und ist bloß Zuseher – ein Zuseher, der wieder einmal in die Wirklichkeit entlassen ist.

Manchmal ist es sogar derselbe Traum (oder ein sehr ähnlicher), der verschiedene Wirkungen zeitigt – dem einen waren die dichten Erlebnisse eine willkommene Ablenkung von der Wirklichkeit, den anderen bedrückte die eigene Wehrlosigkeit gegenüber den Geschehnissen.

Im Wachbereich findet die Wirklichkeitsflucht in den sogenannten Tagträumen ihren Ausdruck. Schaltet ein Organismus vor allzu großer Reizüberflutung seine Aufnahmebereitschaft einfach ab, so zwingt eine innere Weiche die Konzentration zu einem Richtungswechsel. Es findet eine Flucht in schnelle Tagtraumvisionen und Autosuggestionen statt, um der als unangenehm empfundenen Erregung zu entkommen. Diese Visionen sind wie Rettungsinseln, die angesteuert werden, sobald die Nerven nicht mehr mitspielen, und nehmen oft recht intensive Formen an, um der Flut der Impulse ein entsprechendes Äquivalent entgegenzusetzen.

Zu diesen Ablenkungsmechanismen zählt das Wegsehen bei bestimmten Filmszenen und in entscheidenden Momenten von sportlichen Wettkämpfen, ebenso wie jene halluzinatorischen Gedanken-Korrelate in Situationen extremer Trauer, wo man leichthin von Verklärung oder bisweilen gar von Märtyrerwahnvorstellungen spricht. Aber auch als Reaktion auf weniger außergewöhnliche Belastungen lassen unsere verträumten Mitmenschen ihre rationale Kontrolle ein wenig ruhen und damit dem Sinnieren mit offenen Augen freien Lauf.

Abschließend wollen wir uns fragen, ob der Hochfrequenz-Typ ein »starker Träumer« ist und andererseits der ausgiebige Träumer auffallend zu intensiven Erregungssituationen inkliniert.

Der Superaktivist hat eine stattliche Anzahl von Tagesrest-Problemen zu verarbeiten, dies wird auch der Natur seiner Träume eine eindeutige Richtung verleihen. Wohl wird er – als Realist, als Positivist – kaum von solch einem lächerlichen, vagen Thema wie den nächtlichen Phantasieausflügen sprechen, sich selber mag er ab und zu schon die Frage nach deren Sinn stellen, aber diese meist nicht befriedigend beantworten. Da er dem rationell nicht Faßbaren keine Erklärung abgewinnt, wird er es weitgehend verdrängen.

Derjenige, auf den in den Träumen ein reichliches Erlebnispotential zukommt, wird uns wahrscheinlich als ausgeglichener Zeitgenosse begegnen, da ihn ja seine Welt der Visionen und Chimären mehr als zufriedenstellend entlohnt.

Somit werden Trauminhalt und -intensität im großen und ganzen die Spannungsanfälligkeit des Individuums ziemlich exakt reflektieren, wobei der Inhalt sich in der Hauptsache nach den ungelösten Restproblemen richten, die Intensität einen gewissen Ausgleich zwischen Schlaf/Wachzustand herstellen wird.

Zusammenfassend haben wir drei Beziehungen zwischen den beiden Komponenten kennengelernt:

Der Traum

- als die Feder des Schlafes – in Analogie zu Spannungsmomenten während des Wachseins,
- als Zufluchtsort bei Ausschalten der Realität –, und schließlich
- als Abbild der Spannungsanfälligkeit.

Soziale Spannungen im Vorfeld von Revolutionen

Revolutionen können auf Machtausdehnung ausgerichtete Massenmobilisierungen sein, sie können aber auch rein gesellschaftliche oder geistige Umwälzungen darstellen. Immer sind sie aber von einem geistigen Konzept getragene durchgreifende Änderungen, die im Augenblick ihres Entstehens einen klaren Anspruch auf Legalität bekunden. Allen Revolutionen vorausgegangen ist ein gewisses Unbehagen, wenn nicht gar eine starke allgemeine Unzufriedenheit – soziale Spannungssituationen, die meist von nur wenigen klarsichtigen und entschlossenen Menschen zum Anlaß für eine totale Strukturerneuerung genommen wurden.

Begeben wir uns an die Wiege des Kulturmenschen, so erleben wir die erste revolutionäre Entwicklung mit – nämlich die städtische. Sie vollzog sich vor rund 6000 Jahren im kleinasiatischen Zwischenstromland.

Bevor unsere Urahnen zu siedeln begannen, gab es mit ziemlicher Wahrscheinlichkeit schon etliche Generationen, die des ewigen Migrierens (Wanderns) überdrüssig waren, die ihre parasitische Abhängigkeit von einer nicht-menschlichen Umgebung satt hatten, sie abschütteln wollten und zu einer angenehmeren und wirtschaftlicheren Nutzung der Bodenschätze überzugehen gedachten. Aber erst die paar hundert, die sich zu den allerersten Siedlungen in Eridu, Ur und Ninive zusammengeschlossen haben, die haben die Emanzipation des Menschen als seßhaften Vorratswirtschafter dann endgültig vollzogen.

In den folgenden drei Jahrtausenden entstanden, in

einer Abwendung von den Naturgottheiten, die frühen Weltreligionen, die ihrerseits wiederum eine Reihe von gesellschaftlichen Umwälzungen nach sich zogen.

In Europa ist der Beginn der Neuzeit von einem neuen Menschenbild geprägt. Der lange verinnerlichte, stille Gottesdulder schämt sich von einer Generation auf die andere nicht mehr seiner Neugierde, sondern lebt sie voll aus. Eine Serie von Eroberungen und Erfindungen ist die Folge davon.

Von da an geben sich die verschiedenartigsten Revolutionen sozusagen die Türklinke gegenseitig in die Hand.

Bis in die Gegenwart.

Waren es mit dem ausklingenden 18. bis in die Mitte des 19. Jahrhunderts die politischen Revolutionen, die den Absolutismus überwanden, trat, mit Impulsempfang aus der »Neuen Welt«, eine neue Staatsidee und, damit einhergehend, ein politisches Nationalbewußtsein auf den Plan.

Im Soge dessen folgte die industrielle Revolution, die die menschliche Muskelkraft freisetzte, indem sie einen Großteil der Arbeit den Maschinen übertrug.

Der steile Bevölkerungsanstieg verlangte alsbald nach einer großzügigen Lösung des Nahrungsmittelproblems. Dies besorgte mittels Flurbereinigung und Fruchtwechselsystem eine beinahe weltweit wirksame Agrarrevolution.

Und heute befinden wir uns mitten in einer wissenschaftlich-technischen Revolution. Mikrobiologie, Mikroelektronik und Alternativenergieforschung machen den Menschen genetisch manipulierbar, setzen seine Denk- und Kontrollarbeit größtenteils frei und stellen ihm neue Energiequellen für seine Projekte anhand.

Was liegt nun all den gigantischen Umwälzungen – psychologisch gesehen – als Gemeinsamkeit zugrunde?

Der *Drang* von einigen superexplorativen und nach dem *Neuen* förmlich *gierigen* Hochfrequenz-Typen und deren Entschluß, die eigene Energie voll für »ihre Sache« einzusetzen. Ihnen ging die Wirkung von Reformen viel zu langsam vonstatten. So verspürten sie es als ihre Berufung, bestehende Systeme zu ignorieren und dem Zeitgeist völlig Entgegenstehendes in die Tat umzusetzen. Meist ohne Rücksichtnahme auf andere, fast immer rücksichtslos gegen sich selbst.

Freilich waren die großen Coups der Weltgeschichte das Ergebnis von einigen vorbereitenden Aktionen sehr mutiger und entschlossener Menschen (die oft auch anonym im Hintergrund blieben), sie gipfelten jedoch ausnahmslos in den Sternstunden weniger Individuen, denen die geniale Umsetzung lange dahingärender Zeitbedürfnisse beschieden war.

Was bereitet jeder Revolution den Boden?

Eine allgemein als unbequem empfundene Systemlosigkeit oder totgelaufene Strukturen – und die Aufbruchsstimmung der jungen Generationen.

Wahrscheinlich aber auch der ewige Traum von einer besseren Zukunft. Mit mehr Freiheit und mehr Möglichkeiten.

Und was kann gemacht werden, um Revolutionen in friedlichen Bahnen zu halten bzw. sie dorthin zu lenken?

Wie sich der Inhalt des Begriffes Revolution im Laufe der Geschichte geändert hat, so geschah dies auch mit deren Methoden und Zielen.

Heute muß man zwischen den Zeilen der Gewaltanwendung lesen und dadurch die Irrationalität von Fanatismus begreifen lernen – und darauf entsprechend reagieren.

Wer soll sich unter dem unpersönlichen »man« apostrophiert fühlen? Regierungsleute, Dichter, Philosophen, Denker, Gelehrte und all jene, die sich um die Zukunft Sorgen machen. Friedliebende und vernünftige Menschen, die sich ehrlich um das Gemeinwohl bemühen und sich nicht bei der geringsten Versuchung kaufen lassen von irgendwelchen Machtspekulanten. Soziale Spannungen sind lenkbar, sie mögen von Aufwieglern von »links« und »rechts« für einen Kollisionskurs mißbraucht werden, solange aber genügend Entscheidungsleute in den Führungsschichten auf die kritischen Stimmen von außen eingehen und Vorschläge auch anzunehmen gewillt sind, werden Energie und Neugierde aller Zeitgenossen in den Bahnen von friedlichen Umwälzungen verbleiben.

Krieg-Spielen im Frieden

Katastrophen schaffen klare Verhältnisse, Wohlstand produziert auf die Dauer außer Satt- und Laxheit nur noch Mangel an ethischer Orientierung und Dekadenz.

Deshalb mußte Krieg zu allen Zeiten ein logisches Geschäft sein. Früher drängte es die Streiter Gottes dazu, den Einflußkreis des Glaubens durch Eroberungsfeldzüge zu erweitern. Je weiter wir uns in Richtung Gegenwart begeben, desto mehr drängte es die Mächtigen, ihren Einfluß auf Menschen und Bodenschätze auszudehnen.

Mit zunehmender Zivilisationsstufe ist damit laut Statistik auch die Zahl der Schlachten gewachsen. In der

Neuzeit zum Beispiel sind von den wichtigsten europäischen Mächten die folgenden Schlachtenzahlen bekannt (nach Q. Wright):

16. Jahrhundert	 87
17. Jahrhundert	 239
18. Jahrhundert	 781
19. Jahrhundert	 651
20. Jahrhundert	(bis dato) weit mehr als 1000

Kriegführen ist also eine »Kulturerscheinung«, sowohl was die Häufigkeit als auch was die Intensität betrifft. Bei primitiven Völkern und Stämmen sind längere kollektive Feindschaftshandlungen auch dann zu den seltenen Ausnahmen zu rechnen, wenn die einzelnen Mitglieder von noch so starker Aggression geprägt sind.

Erich Fromm hat den Krieg als ein für viele Durchschnittsmenschen willkommenes Abenteuer dargestellt, das sie aus ihrer routinemäßigen, monotonen Lebenspraxis heraushebt. Das Soldatendasein sei somit die einzige Abwechslung, die sich ein solcher Mensch erhoffen kann. In seinem Werk »Anatomie der menschlichen Destruktivität« führt er weiter aus: »Der Krieg bewirkt bis zu einem gewissen Grad eine Umwertung aller Werte. Er bewirkt, daß tiefeingewurzelte menschliche Impulse wie Altruismus und Solidaritätsgefühl zum Ausdruck kommen – Impulse, die durch den Egoismus und den Konkurrenzkampf des modernen Menschen in Friedenszeiten unterdrückt werden. Klassenunterschiede verschwinden ganz oder doch in beträchtlichem Maß. Im Krieg ist der Mensch wieder Mensch, und er hat die Chance, sich auszuzeichnen, ohne daß ihm ein sozialer Status als Bürger Vorrechte einräumt. Akzentuierter ausgedrückt: Der Krieg ist eine indirekte Rebellion gegen Ungerechtigkeit, Ungleichheit und Langeweile, wie sie das gesellschaftliche Leben in Friedenszeiten beherrschen, und man sollte die Tatsache nicht unterschätzen, daß der Soldat, wenn er gegen den Feind um sein Leben kämpft, nicht gegen die Mitglieder seiner eigenen Gruppe um Nahrung, ärztliche Betreuung, Unterkunft und Kleidung zu kämpfen braucht. Für all dies sorgt ein perverses sozialisiertes System. Daß der Krieg diese positiven Züge aufweist, ist ein trauriger Kommentar zu unserer Zivilisation. Wenn das bürgerliche Leben für Abenteuer, Solidarität, Gleichheit und Idealismus Raum hätte, wie sie im Krieg zu finden sind, könnte man die Menschen vermutlich nur sehr schwer dazu bewegen, in den Krieg zu gehen. Der Regierung stellt sich im Krieg das Problem, sich die unterschwellige Rebellion zunutze zu machen, indem sie sie für ihre Kriegszwecke einspannt; gleichzeitig gilt es zu verhindern, daß sie für die Regierung zu einer Gefahr wird, was man durch strenge Disziplin und den Geist des Gehorsams gegen die Führer erreicht, die als selbstlose, weise und mutige Männer hingestellt werden, welche ihr Volk vor der Vernichtung bewahren.«

Sind länger währende Friedensperioden nun wirklich so monoton und reizarm, daß sie von Zeit zu Zeit auch kritische Individuen ihre Vernunft ablegen und bewußt in strategische Mordgemetzel ziehen lassen?

Anscheinend muß dies der Fall sein. Bisher zumindest.

Immer waren es die kühlen Kalkulationen weniger Führender, die im gegebenen Moment das Aggressionspotential ihrer Völker mobilisierten und ihnen das heißbegehrte Abenteuer – quasi als Geschenk – anboten.

Fast alle waren plötzlich ganz begeistert davon, sich zu stellen, Heim und Familie zu verlassen und dabei sogar mit der Möglichkeit rechnen zu müssen, für eine fremde, jedoch »gute Sache« zu sterben. Wir stehen vor dem erschreckenden Resultat, daß es bis in die Gegenwart kein auf breiter Basis funktionierendes freies Sozialsystem (außerhalb der straffen Religionsgemeinschaften) gibt, welches imstande ist, das Reizbedürfnis der Mehrzahl seiner Mitglieder in ruhigen Zeiten zufriedenzustellen. Denn nur aus längeren Perioden allgemeiner Frustration sind stets erfolgreiche Kriegsanzetteleien hervorgegangen.

An warnenden Stimmen hat es nie gefehlt, doch die Masse war von der Neuheit der jeweiligen Ideen, die von seiten der Mächtigen und Machthungrigen auf sie zukamen, so sehr hingerissen, daß sämtliche Worte der Kritik über wahre Hintergründe und Motive bloß in den Wind gesprochen waren. Folglich ist die Behauptung, daß immer nur ein Spiel mit der Unwissenheit breiter Bevölkerungsschichten stattfand, zumindest für die beiden letzten Großkriege, entschieden von der Hand zu weisen.

Da funktionierte nämlich eine weitreichende Nachrichtenübermittlung bereits so weit, daß sie den einzelnen auch mit von den Propaganda-Apparaten abweichendem Ideenmaterial zu erreichen vermochte. Bloß – man wollte nicht hinhören!

Warum ist aber eine längere Friedenszeit für den Bürger von einer derartigen Reizlosigkeit, daß er zu einer leichten Beute für Kriegshetzer und die entscheidenden Initiatoren wird? Kirche, Staat und einige anonyme Interessengruppen verfügen über allerlei Regeln, Gebote und Verbote, doch was die wahre Lebensgestaltung betrifft, ist jeder nur auf sich selber angewiesen. Somit sind es letzten Endes Phantasie und Durchsetzungsvermögen, die das persönliche Schicksal im wesentlichen festsetzen. Mangelt es an beidem, bleiben nur noch die landläufigen Freizeitmühlen mit ihrem mehr oder weniger kriegerischen Charakter übrig.

Die Mitglieder der westlichen Industriegesellschaften besitzen heutzutage alle Freiheiten der Information, Kommunikation und Mobilität – einzig und allein die Aufgabe der Motivation der eigenen Person nimmt ihnen niemand ab.

Wer keine Eigenanregung verspürt, weiß sich für nichts wirklich zu engagieren, will es bloß besser machen als alle anderen – und steht meist mit derselben Ratlosigkeit vor denselben Problemen wie seine Umwelt. Innere Auflehnung und Resignation sind die Folge – eines so unvernünftig und wenig zielführend wie das andere.

Rückblickend wird die Schuld daran oft dem Gesellschaftssystem zugeschrieben, fast nie die selbstverursachte Mangel- oder Fehlstimulierung angeführt.

Dann dringt irgendwann in die latenten Entbehrungen wahrer Zielsetzung der Satz vom Krieg ein, der das Schönste und Edelste im Menschen zum Vorschein bringt, der an seinen Heldenmut, an sein soziales Fühlen, an seine Selbstaufopferung appelliert. Schon leuchtet selbst im verzweifeltsten Seelenstübchen die Hoffnung auf eine Umkehr sämtlicher bestehender Werte auf. Und allzu gerne würde so mancher freiwillig und sofort auf die Lieblingsspielzeuge des Fortschritts verzichten – um den Preis, aus seiner Lethargie, aus der bleiernen Gleichgültigkeit herausschlüpfen zu dürfen.

Aber noch will niemand das große Geschäft abschließen, das offener Krieg heißt.

So dürstet unser Revoltierender dahin und wird mehr und mehr degoutiert von all den kitschigen Kriegsartefakten:
Dem zähnefletschenden Konkurrenzwesen, dem »beinharten« Wettkampf, der jeglicher Überzeugung entbehrenden Begeisterung für Idole, dem nicht wirklich genossenen Vergnügen.

Er sieht in allen Schaufenstern mit Neunern getrickste Preise, in den abendlich verdunkelten Wohnzimmern pastellfarbene Schatten herumspringen, er erkennt sich in den fotografierwütigen Fließbandurlaubern, fühlt sich mit seinem Blechmobil ständig irgendwo eingezwängt und kann schon nicht mehr an eine angenehme Überraschung glauben.

Und obendrein werden aus den Beschützern der internen Exekutive allmählich Unterdrücker, wenn sie allzu lange von auswärtigen Angelegenheiten abgehalten werden.

Dann ertönt endlich der Ruf zu einer allgemeinen Mobilmachung. Erleichtert steht er auf und folgt diesem Ruf. Erleichtert wie all die anderen ...

Jetzt tauscht er allzu gerne Dekadenz für Destruktion ein! Und eine Sinngebung in Form von geplanter Zerstörungsarbeit hat damit ihren Anfang genommen.

Bloß weil manche Apparate die menschliche Persönlichkeit und deren Gewohnheiten genormt sehen wollen, um dadurch den eigenen Interessen effizienter zum Durchbruch zu verhelfen ...? Nein, es ist absolut nicht zulässig, die gesamte westliche Hemisphäre in ein streng mafioses Bild mit Manipulation von Geisteshaltung und programmiertem Konsumverhalten zu pressen, vielmehr ist das Individuum selbst von einer Verantwortung für soziale Fehlentwicklungen, die für gewöhnlich von Ballungsräumen ihren Ausgang nehmen und damit jeglicher Kontrolle sehr bald entgleiten, keineswegs loszusprechen.

So muß jeder einzelne für sich und zusammen mit den anderen ein grundlegendes Ziel verfechten:
Den Krieg durch aktives Handeln zu jedem Zeitpunkt aus Überzeugung ablehnen und alle positiven menschlichen Züge zum Einsatz bringen. Jede Generation hat ja die Verantwortung der unmittelbaren Vergangenheit und der nahen Zukunft zu tragen, und sollte deshalb nicht durch den Ballast von Scheinverwirklichungen – wie der Kriegssimulation in Friedenzeiten – dabei behindert werden.

Denn individuelle Aggressionen können auf diese Weise nicht vom Krieg abgelenkt und schon gar nicht wirklich befriedigt werden.

Nur um einen Denkanstoß zu vermitteln, sollten wir mit dem Dämpfen unseres Alltagsvokabulars beginnen und etwas gemäßigtere Ausdrücke gebrauchen, wie etwa:
- Wettbewerb anstatt Wettkampf,
- Gegenspieler statt Gegner,
- Härte statt Brutalität, usw.

Damit wäre zumindest ein Anfang gemacht, um sich vor einer jederzeit möglichen Massenhysterie glaubwürdig auf Distanz zu begeben.

Pflicht zur Arbeit – Anreiz zu selbständigen Betätigungen

Im Alten Testament ist die körperliche Arbeit als gottgegebene Mühsal beschrieben, bei den antiken Völkern war sie verpönt und wurde deshalb ausschließlich von Sklaven ausgeführt.

Im christlichen Abendland bedeutete sie die Grundlage sittlicher Lebensführung, und im Laufe der neueren Geschichte pendelte die Akzentuierung zwischen

- Mittel zur Selbsterziehung,
- Dienst an der göttlichen Weltordnung,
- Dienst an der Gemeinschaft und
- Bedingung sinnvollen Lebens.

Erst die vorgerückte Renaissance stellte eine Wertung nach dem wirtschaftlichen und gesellschaftlichen *Nutzen* in den Vordergrund.

Seither stellt die Arbeit einen stark persönlichkeitsformenden Faktor dar und ist damit zum wesentlichen Ausdruck des betreffenden Lebensstils geworden. Aus der Aufgabenstellung und im Zuge der Durchführung erfährt man Impulse, die das Seelenleben formen, und mit erbrachter Leistung gibt man Impulse an die Umwelt und an sich selbst ab, was im Idealfall zu einem Pingpong-Effekt führt, der äußerst fruchtbar und erkenntnisfördernd ist.

Historisch gesehen kam im letzten Jahrhundert ein vom Sozialstaat garantiertes Recht auf eine entsprechende Arbeitsstelle hinzu. Diese Staatsgarantie ist aber in den letzten Jahrzehnten immer weniger gewährleistet gewesen, was sich, besonders in den westlichen Industrienationen, in einer kraß zunehmenden strukturellen Arbeitslosigkeit niederschlug.

Und dagegen ist (noch) kein Wundermittel gefunden worden.

Folglich wird sich unsere Einstellung (spätestens aber die der jetzt Geborenen) sprunghaft ändern müssen.

Was sich da künftighin ändern soll, kann am besten in einer tabellarischen Übersicht ausgeführt werden:

gegenwärtiger Zustand	*künftiger Soll-Zustand*
– größtenteils Arbeit nur um des Gelderwerbes wegen	entlohnte Beschäftigung und schöpferische Tätigkeiten
– fixe Arbeitszeit, streng abgegrenzt zur Freizeit	fließende Grenzen zwischen zweckgerichteten Tätigkeiten und Freizeit
– fixe Relation und Grenzen bei Ausbildung/Berufsausübung	längere Ausbildung, abwechselnde Lern- und Lehrtätigkeiten
– individuelles Recht auf Arbeitsplatz – vom Staat garantiert	soziale Aufbauprogramme für gesellschaftlich anerkannte Beschäftigungsformen
– körperliche Arbeit spielt noch entscheidende Rolle	Automaten und Roboter nehmen dem Menschen die körperliche Arbeit ab
– Arbeit vielfach als Last angesehen, da sie ein Muß darstellt	wegen ihres Seltenheitswertes wird aus dem Müssen ein Dürfen
– Skrupel bei Untätigsein, Zeittotschlagen bei Langeweile	Phantasie und Kreativität sorgen für Beschäftigungen, die einem das notwendige Selbstbewußtsein verleihen
– materielle Werte im Vordergrund	spirituelle Werte im Vordergrund
– Existentialängste	erfüllter und ausgeglichener Lebensablauf

Wer garantiert, daß diese Neuerungen auch tatsächlich eintreten werden?

Niemand, aber fast alle namhaften Futurologen sind sich darüber einig, daß sich die menschliche Vernunft und das Verantwortungsbewußtsein für eine Entwicklung in die beschriebene Richtung einsetzen werden müssen, soll nicht einer Reihe von sozialen Mißständen und anarchischen Verhältnissen Tür und Tor geöffnet werden.

Wie werden sich unsere Nachfahren mit ihrer neuen Freiheit abfinden?

Dabei zeichnen sich zwei prinzipielle Einstellungsformen ab:

- der Homo studens und
- der Homo ludens.

Der erstere wird sich ständig weiterbilden, die eigene Ausbildung als persönliche Herausforderung annehmen, genauso wie die Weitergabe des eigenen Wissens. Er wird sich in der Welt der Logik und des Verstandes bewegen und seine Bedürfnisse präzise auf seinen Tätigkeitsplan abstimmen. Seine Emotionen wird er sehr gut unter Kontrolle haben. Ehrgeiz, Pflichtbewußtsein und Ernst werden sein Charakterbild auszeichnen. Ihm wird man große sittliche Reife zusprechen.

Nun zum Gegenpol: In vielen unserer Zeitgenossen steckt, mehr oder weniger verborgen, ein Spieler. Was sich sowohl auf die nicht zweckgerichtete Tätigkeit des Spielens als auch auf das Hasardieren erstreckt. Der Homo ludens der Zukunft wird seine mit noch größerer Leichtigkeit erworbenen materiellen Mittel (so es sich um Einsatzspiele handelt) ebenso leichtfertig riskieren. Zum Spaß, zum Jonglieren mit den eigenen intellektuellen Fähigkeiten, zur Herausforderung seiner selbst oder vielleicht nur zum Zeitausfüllen.

Schämen wird sich niemand mehr müssen, denn

eine echte Existenzgefährdung scheint dann ja nicht mehr gegeben zu sein. Das Spiel schlechthin wird legalen, wenn nicht sogar erzieherischen Charakter für die Erwachsenen annehmen. Der Homo ludens wird sich durch Leichtlebigkeit, Schwung, temporären Hang zum Unernst und zum Rollenspiel auszeichnen.

»Studens« wird der Kopfmensch sein, und »ludens« der Seelenmensch. Vielleicht werden sie einander so wenig verstehen wie ihre Vorgänger in unserer Generation, sie werden aber sicher schon die Vorzüge größerer Toleranz kennengelernt haben.

Wenn »studens« die Zeit zur Ausweitung seiner Fähigkeiten *ausnutzt,* wird er den »ludens« zumindest respektieren, wenn dieser seine Zeit auf seine Weise *ausfüllt* mit Tätigkeiten, die ihm bedeutend erscheinen. Und umgekehrt.

Und beide wird der Zeitablauf nicht mehr so fest umklammert halten, wie er dies mit uns heute noch tut, denn beide werden in ihrem jeweiligen Metier die Erregungsmomente in höchst persönlichkeitsadäquater Weise zu dosieren verstehen. Ein Grund hierfür wird darin liegen, daß sie aus den Beobachtungen, die ihnen die Naturvölker bis dahin geliefert haben, ihre Schlüsse für das eigene Dasein zu ziehen wissen werden.

Denn für diese Völker und Stämme wird die Arbeit auch weiterhin eine Notwendigkeit darstellen, die ihren Lebensrhythmus ohne Druck und Hektik mitgestaltet und als lebenserhaltendes Element keine Infragestellung zuläßt.

Es können ja soziale Verirrungen, die sich im Zuge eines allzu rapiden Fortschritts ergeben haben, am ehesten dadurch korrigiert werden, daß man sich des Ursprungs der Entwicklung besinnt und von da aus einen etwas anderen Weg geht.

In der zivilisatorischen Grundeinstellung zur Arbeit gibt es heute nämlich zwei Fehlentwicklungen: Die eine ist der Arbeitsplatz, an dem man einem überspitzten Ehrgeiz um jeden Preis Selbstbewußtseins-Einheiten verfüttert und gleichzeitig Aggressionen loszuwerden trachtet.

Die andere ist das Stundenabsitzen ohne Engagement und ohne Interesse. Nur um einer diffusen gesellschaftlichen Anerkennung willen.

Das eine ist so lächerlich wie das andere sinnlos.

Wird sich nämlich der Trend zu mehr Betätigungen aus eigenem Antrieb auf breiter Basis durchgesetzt haben, so wird damit auch einer neuen Form von Selbstachtung ein stabiles Fundament erschlossen sein.

Niemand hat dies besser formuliert als Aurelio Peccei, der unlängst verstorbene Präsident des Club of Rome.

Auf dem Einband seines Buches »Der Weg ins 21. Jahrhundert« ist folgendes zu lesen:

»Arbeit wird zwar weiterhin unerläßlich bleiben, jedoch ihren Charakter als zentrale Lebensäußerung und Grundbedürfnis des Menschen verlieren und gleichberechtigt neben anderen kulturellen Aktivitäten stehen, die sich erst noch herausbilden müssen ... Die Helden der Zukunft werden voraussichtlich nicht mehr die ›Macher‹ sein, die ihre ganze Energie auf die Schaffung von materiellem Wohlstand konzentrieren – Unternehmer und Arbeiter –, sondern eher die ›Inspiratoren‹, die sich um Mittel und Wege bemühen, wie sie ihren Mitmenschen dazu verhelfen können, ihre körperlichen, intellektuellen und geistigen Fähigkeiten zu entwickeln, ohne von Arbeit abhängig zu sein.«

Und Dennis Gabor meint: »Für die Mehrheit der Menschen ist Arbeit die einzige Zerstreuung, die sie auf Dauer aushalten können.« Deshalb trifft auch die Arbeitslosigkeit so sehr: Unsere Strukturen sind durch Arbeit so sehr geprägt, daß Müßiggang zur Qual wird. Früher war er für gehobene Stände eine Quelle von Wohlbehagen und für alle hochentwickelten Tiere selbstverständlich. Daß es unbedingt Lohnarbeit sein muß, hat mit psychologischen Notwendigkeiten wenig, viel aber mit gesellschaftlicher Phantasielosigkeit, sozialem Zwang und Heuchelei zu tun.

Die Arbeit, so meint Marie Jahoda, Mitautorin von »Die Arbeitslosen von Marienthal« (1933), habe eine soziale und menschliche Funktion inne, die durch keine existierende Institution in der Gesellschaft ersetzt werden kann.

Arbeit gäbe dem Menschen Halt, erlege ihm eine Disziplin des Lebens auf, die hilfreich ist. Arbeit sei notwendig, um in der Existenz einen Sinn zu finden, sie vermittle das Gefühl, gebraucht zu werden, nützlich zu sein.

Noch beneiden viele Beschäftigte die Arbeitslosen um ihre Muße, aber auch schon viele Arbeitslose die Beschäftigten um ihre Beschäftigung. Als besonders quälend empfindet die Jugend ihre Nutzlosigkeit, indem sie ohne Arbeitsplatz in das Gefühl der Unvollkommenheit hineingedrängt ist. Und das am Anfang ihres Lebens …

Bestimmung des individuellen Spannungsbedürfnisses

Nach all den Fakten, Bezügen und Theorien, nach all den Darstellungen von Ursachen und Auswirkungen steht es jetzt dem Leser zu, endlich etwas über sich selbst zu erfahren. Es will doch ein jeder wissen, wo er mit seinem Reizverhalten steht, wie sein Spannungsbedürfnis zu interpretieren ist.

Nun liegt es vielleicht ganz im Sinne des Buches, diese Selbstbeurteilung nicht gleich anschließend an ihre Ankündigung durchzuführen.

Vorerst seien noch einige Bemerkungen zum Thema der Stimulierung gestattet, bis jeder schließlich etwas über seine ureigene Veranlagung in punkto Reizbedarf erfährt.

Fehl-, Unter- und Überstimulierung

Mit dem Erlebniskonsum verhält es sich ähnlich wie mit der weltweiten Ernährungslage: Es gibt fast nur mehr Unterernährte, Fehlernährte und Übersatte.

Ist die Situation auf dem Nahrungsmittelsektor von unbeeinflußbaren klimatischen und undurchschaubaren wirtschaftlichen Faktoren abhängig, besitzen auf dem Gebiet der Motivation zwei Komponenten direkte und sofortige Vollzugsgewalt: die Triebe und die Vernunft.

Und damit hat ein jeder seine Entscheidungen zu treffen. Ein jeder, der nicht von außen (Staatsgewalt, Stammeshierarchie) oder von innen her (Religion, Glaube) gelenkt wird.

Wie kommt es nun zur Lebensgestaltung?

Im Grunde seines Herzens möchte doch jeder Mensch ein ausgeglichenes und harmonisches Dasein führen, viele lassen sich aber neuerdings davon verführen, wie manch andere ständig in Genüssen zu schwelgen, indem sie ihre Zeit mit einer Unzahl von Abenteuern ausfüllen. Als Folge dieses Beobachtens und Vergleichens stellt sich dann immer wieder die Frage von neuem, wieviele Belastungen man auf sich nimmt, wieviel Energien man in welche Kanäle fließen läßt und wieviel Vergnügen oder das, was allgemein dafür gehalten wird, man anpeilt.

Umgelegt auf unser Gleichnis von der Ernährung stellt sich das Programm für das »Seelenfutter« folgendermaßen dar:

- Der Unterernährte empfindet sehr oft Hunger und leidet so lange, bis er etwas Eßbares gefunden hat. Freudig nimmt er alles, was ihm den Magen füllt. Er ist hellwach und sucht in einem fort. Seine ständig angespannte Lage wird ihn erfinderisch werden und ihn mit seinem Triebleben recht weise umgehen lassen. Sein Hunger ist ihm gleichsam ein Motor, der ihn in Bewegung hält.
- Der Fehlernährte nimmt zuviel von einseitiger Kost zu sich und wird dadurch allmählich krank. Er müßte sich nach einem Ausgleich umsehen (was auf der Ernährungsbasis mancherorts natürlich schwierig ist).
- Der Übersatte ist ein Freudloser: Immer wieder stopft er sich voll, immer wieder kommt in ihm höchstens ein Leeregefühl auf, einen echten Appetit auf die Dinge des Lebens wird er kaum kennenlernen.

Was bedeutet das nun für den Charakter der betreffenden Person?

- Der Hungrige ist stets wach und neugierig, er freut sich, wenn auch ihm einmal ein tolles Erlebnis widerfährt;
- der Fehlernährte ist ein Gefangener seiner Phantasielosigkeit und seiner mangelnden Eigeninitiative, er wird stumpf dahinleben und vielleicht auch resignieren;
- der Übersatte schließlich ist ein bedauernswerter Zeitgenosse, in dem so gar keine echten Interessen aufkommen wollen – trotz allen Überflusses flackern in ihm öfter Gefühle von zu geringer spiritueller Auslastung auf.

So gesehen kann man sich eigentlich bloß für den Hungrigen entscheiden, falls man den Idealfall der ausgewogenen Sattheit verläßt. Es ist sicherlich das Vernünftigste, sich von Zeit zu Zeit Dinge zu versagen, Dinge, die man nur in der Vorfreude oder in der Phantasie auslebt. So ein Verzicht wirkt sich sehr fruchtbar aus, besonders wenn man Friedrich Schiller glaubt, der es so schön pathetisch ausgedrückt hat, als er sagte: »Alles höhere Leben quillt aus dem Opfer.«

Man soll sich dabei aber nicht gleich wie ein Asket oder Märtyrer vorkommen, nur weil man sich einmal nicht von den Konsummaschinerien verschlingen hat lassen. Ein freiwilliger Verzicht inmitten des Überflusses ist schon allein aus dem Kontrast heraus eine kitzelnde Versuchung. Außerdem beweist man sich die eigene Willensstärke.

Bei denjenigen, die wir mit den Fehlernährten verglichen haben, mag die einseitige Gestaltung selbst als unbefriedigend oder – vom näheren menschlichen Umfeld aus gesehen – als der Persönlichkeit nicht entsprechend empfunden werden. Fällt es dem Betroffenen selber auf, so kommen zwei Gründe für ein Nicht-Ändern in Frage: Schon erwähnt – Faulheit oder Feigheit. Zerbrechen sich hingegen nur die Außenstehenden den Kopf, wieso ein Vorbeileben an den vermuteten Interessen und Begabungen in einem solchen Maße stattfinden kann, so werden sie wahrscheinlich auf zwei Schlagworte treffen: Fanatismus und extreme Modeabhängigkeit.

Nun zur großen Zahl derer, die stets mehr verschlingen, als sie verarbeiten können. Jeden Tag stürzen sie sich von Neuem in einen Programmrausch, sie müssen ihre Zeit mit Tätigkeiten genützt wissen, sie wollen ständig von vielen Menschen umgeben sein und möchten nur zu gerne gesehen werden. Viele von ihnen leben in der permanenten Angst, daß bei Wegfall ihrer unzähligen Verpflichtungen ihr Selbstwertgefühl ins Wanken geraten und darunter ihr Image leiden könnte.

Dies ist die nicht sehr ermutigende Bilanz des in der Gegenwart lebenden Zivilisationsmenschen. Daß sie nicht übertrieben ist, beweist schon unsere allernächste Nachbarschaft: Sie ist voll mit den erwähnten Typen: solchen, denen wahre Erlebnisse versagt bleiben, solchen, die daran vorübergehen und solchen, die sich andauernd mit seichten Vergnügungen zuschütten. Ein Wochenende, ein Urlaub zeigen uns bereits recht deutlich die Auswüchse der Tragik, die sich aus einer unkritischen Lebensführung ergeben. Dabei wird es in Zukunft für jeden einzelnen noch viel, viel mehr Freizeit geben, und es wird für diejenigen ihre Existenz immer schwieriger zu bewältigen sein, die keine Initiative und Eigenständigkeit zu mobilisieren vermögen. Sehen wir also nicht weg! Wir, die wir durchschaut haben, daß etwas nicht stimmt mit der Auslegung des Betätigungsfeldes bei unseren Mitmenschen. Wir sind – fast sollte man sagen – verpflichtet, nicht darüber hinwegzudenken, es beiseite zu schieben. Vermitteln wir doch mehr Hoffnung und Mut, leben wir doch vor, wie wir mit phantasiereicher und überlegter Gestaltung unserer freien Stunden mehr Eintracht und Erfüllung anstreben – und weniger trommelwirbelnde Lustgefühle!

Schadenfreude und die Genugtuung, gewisse Fehler selber nicht begangen zu haben, zeugen bloß von Ignoranz und billiger Selbsterhöhung. Leute auf der Schattenseite des Daseins, Verirrte und Verwirrte leben ständig unter uns, mit uns, manchmal auch nur neben uns her. Sie tragen ihre Sorgen und verzweifelten Stimmungen nicht immer zur Schau, lassen sie aber ihre Nöte von Zeit zu Zeit durchblicken, so sollte es die Pflicht eines jeden einfühlsamen Mitmenschen sein, ohne Umschweife helfend einzugreifen – mit nicht nur routinemäßiger Anteilnahme, sondern mit einem Quentchen mehr von der so selten praktizierten spontanen Nächstenliebe.

In extremen Fällen ist ein Menschenleben zu retten, bei Konflikten mit geringerer Dramatik erlebt man sicherlich die aufregende Überraschung, einander nähergekommen zu sein. Denn so absurd es auch klingt: Je dichter das Gewühl der Erdenbewohner wird, desto größer scheint der Abstand von Mensch zu Mensch zu werden. Und dagegen muß ein jeder von selbst ankämpfen.

Trägt nämlich jeder einen Beitrag zur Ausgeglichenheit seiner Umwelt bei, so schafft dies insgesamt die Basis für ein harmonisches Zusammenleben, was letzten Endes wieder dem einzelnen zugute kommt.

Die goldene Mitte liegt für jeden woanders

Um hervorzukehren, wie vielfältig und verschieden gewisse Reizsituationen wirken, wollen wir hier einige Fragen skizzieren, deren Beantwortung dem Leser anheimgestellt sei:

- Tragen Meditation und Gebet zur Entspannung bei, oder ist beides von stark emotionellem Engagement begleitet?
- Inwieweit soll man sich stets Rechenschaft darüber ablegen, ob man seine Zeit nützt oder sie nur ausfüllt?
- Was verstehen ein Schmetterlingssammler, ein Hasardspieler, ein Einsiedler und ein Artist unter Langeweile?
- Wie lange könnte man Urlaub machen, ohne daß eine innere Leere aufkommt?
- Wie kommen Gefangene damit zurecht, daß sie von so vielen Außenreizen ausgeschlossen sind?
- Kann man sich in Leidenschaften, in Ekstase jederzeit beliebig hineinsteigern, oder hat man dafür bestimmte Konstellationen abzuwarten?

Da die Hierarchie von Erregungssituationen und Langeweile für jeden Menschen eine andere ist, kann es nur individuell festgelegt werden, wo das einem am meisten zusagende Maß liegt – der Mittelpunkt des Dreiecks, wo man ruhigen Gewissens von sich zu behaupten vermag, von allen drei Extremen gleich weit entfernt zu sein.

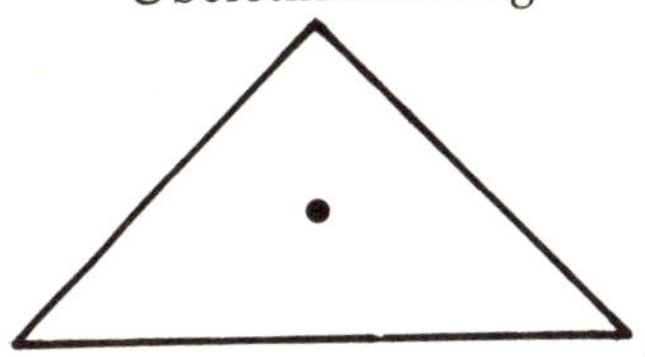

Jedes Erlebniskontinuum hat es an sich, daß dieser Punkt nur recht selten auf längere Dauer besetzt werden kann, es sollte jedoch jedermanns Ziel sein – bei Standortbestimmungen in längeren Zeitabständen, im zeitlichen Mittel also –, so nahe wie möglich daran heranzukommen. Da ist man mit sich und seiner Umwelt, mit seinem Leben schlechthin im Einklang. Da herrscht volle Zufriedenheit.

Für das Erreichen dieser Position spielen zwei Faktoren eine entscheidende Rolle:

- Durch Ausscheiden einer als reizlos empfundenen Erlebnissphäre und einem damit verbundenen positiven Ausrichten auf Interessen findet eine Persönlichkeitsabgrenzung statt.
- Gesammelte Erfahrungswerte führen zu einem intuitiven Einpendeln des Aktivitäts-Passivitäts-Mechanismus.

Vorerst zur Einteilung der Motivation – sie geht von zwei Polen aus:

1) vom Menschen und seinen Bedürfnissen, Trieben, Wünschen, Neigungen und Plänen;
2) vom Objekt, das entweder Aufforderungs- oder Vermeidungscharakter ausstrahlt.

Ein Beispiel soll das verdeutlichen:

Jemand x-beliebiger schlendert durch die Straßen einer Stadt, da verspürt er spontan aufkommenden

Durst, derselbe Mensch hat ein starkes Interesse an der Weltpolitik, er lehnt illustrierte Zeitschriften als flache Unterhaltungslektüre ab, an diesem Tag hat er noch etwas Geschäftliches zu erledigen, und außerdem fühlt er sich seit einiger Zeit recht einsam und unverstanden. Da steht er plötzlich vor einem Kaffeehaus, er geht hinein und bestellt etwas zu trinken, strikt weist er daraufhin die vom Kellner bereitgestellten Illustrierten zurück und holt sich statt dessen einige Tagesjournale vom Zeitungsständer. Das Geschäftliche erledigt er per Telefon, hierauf studiert er die Speisekarte und legt sie wieder zur Seite. Langsam regen sich seine Fühler in Richtung Nachbarloge, wo er in einem Gast einen interessanten Gesprächspartner vermutet.
Unser zufälliger Kaffeehausbesucher orientiert in dieser Szenenfolge seine Bedürfnisse und Interessen an bestimmten Dingen bzw. Situationen, andererseits üben bestimmte Gegenstände und Konstellationen einen Anreiz auf ihn aus. So wie bei diesem Aktionsablauf während eines verhältnismäßig unbedeutenden Zeitabschnitts ergeben sich auch in großem Rahmen Verhaltensweisen, die wiederum in der Summe aller Entscheidungen einen wesentlichen Teil der Persönlichkeit des einzelnen ausmachen.

Ein weiteres Persönlichkeits-Charakteristikum stellt der willensgesteuerte Energieaufwand bzw. die Bereitschaft, seine Kräfte für gewisse Dinge zu mobilisieren, dar. Von Kämpfernaturen mit dichtesten Programmen über gemütliche Zeitgenossen mit einer »Vivre pour vivre«-Mentalität bis zu völlig apathischen und lethargischen Geschöpfen sind alle Schattierungen ausreichend vertreten. Es bleibt ja im Rahmen der Lebensgestaltung jedem einzelnen überlassen, wie viele seiner psychischen und physischen Kräfte er wobei zum Einsatz bringt. Die prinzipielle Einstellung zur »Energie-Investition« läßt dabei zwei Grundtypen vor uns erstehen:

- jene, die sich stets bis an die Grenzen der Erschöpfung verausgaben, um anschließend die wohlige Müdigkeit zu genießen, und
- alle, die die Kunst beherrschen, sich auf sämtliche Erregungssituationen so einzustellen, daß sie daraus den größtmöglichen Nutzen ziehen können.

Dies ist nichts anderes als die Alternativen Homo faber und Homo oeconomicus und repräsentiert die grundsätzliche Ausrichtung des persönlichen Reizabrufungs- und Reizbewältigungsprogrammes.

So rasch und routinemäßig man des öfteren bei sich selbst eine Kräftebilanz vornimmt, so vorbehaltbehaftet soll die Beurteilung unserer Mitmenschen erfolgen. Denn ob einer nach außen hin als vielbestaunter Gesellschaftstiger gilt oder ein anderer ein eher eintöniges Leben führt, will wenig über die persönliche Gefühls- und Erkenntnisschöpfung besagen. Die wahre Zuteilung von Anregung findet bei jedem tief im Inneren statt – und da verkörpert auch ein jeder Regie, Ausführung und Kritik in eigener Person.

Auch sollte man bedenken, daß ein Mangel an Außenreizen bewußt angesteuert sein kann, und zwar wenn die Reizausschaltung auf Besinnung und Rekreation abzielt. Hierher gehören Gebet, Meditation und sämtliche anderen Auseinandersetzungen auf transzendenter Ebene; hier hat das Ausklammern der Umwelt die hohe Zielsetzung, daß man sich auf einen inneren Dialog, eventuell auch auf metaphysisches Gedankengut konzentrieren kann.

Solche aus einer Verinnerlichung Werte beziehenden

Menschen werden von Fakten- und Zahlenfanatikern oft milde belächelt, in Wahrheit sollten sie beneidet werden, da sie ihrem Leben Perspektiven zu eröffnen wissen, die vielen anderen für immer versagt bleiben.

Wo liegt aber nun wirklich die goldene Mitte für jeden einzelnen, wollen wir uns abschließend fragen. Als Hinweis – und nicht als bindendes Rezept – will sich die Antwort verstanden wissen:

– Des öfteren alles abschalten und sich einer Selbstbeschau unterziehen.
– Das Abwägen von Interessenschwerpunkten unter einem sich mit der Zeit verändernden Blickwinkel vornehmen.
– In der Auswahl und der Dosierung von Erregungsmomenten der zu erwartenden Erlebnis*tiefe* den Vorrang einräumen.
– Innere und äußere Impulse in Korrespondenz bringen – und in der sich daraus ergebenden seelischen Fülle Erkenntnisgewinn anstreben.

Einführung eines Reizquanten-Modells

Unsere Studie wäre bloß eine Analyse, vielleicht so etwas wie eine ganz interessante Beschau eines Charaktermerkmals ohne besonderen Akzent, wenn sie nicht davon Gebrauch machte, daß sie zwar im Grenzfeld der Wissenschaften angesiedelt, der akademischen Forschung aber nur bedingt verantwortlich ist. Nämlich nur dann, wenn letztere die Vorstellung eines Modells akzeptiert und die Messung des individuellen Spannungsbedürfnisses selbst wahrnimmt. Der Anstoß ist ja außerhalb der methodisch gewachsenen, gesicherten und objektiven Sätze entstanden, und so steht es der Psychologie wohl zu, ihn als Fremdkörper in ihrem Gegenstandsbereich abzulehnen, sie wird jedoch auf die Dauer ohne stichhaltige Begründung nicht um eine Stellungnahme zur Erfassung des psychischen Spannungsbedürfnisses herumkommen (wobei es sich nicht notwendigerweise um den vorliegenden oder einen ähnlichen Entwurf zu handeln hat). Erst im vorigen Jahrhundert hat man in den Zivilisationsländern mit dem Erfassen der Bürger durch Personaldokumente begonnen. Damit wurden Körpergröße und Gewicht (nebst einigen weiteren Merkmalen) auf umfassender Basis festgehalten, was dem menschlichen »Vergleichstrieb« in der späteren Folge unter anderem einige Genugtuung verschaffte. Im Laufe der letzten 30 Jahre sind in den USA horrende Mengen Forschungsgelder in empirische Ermittlungen gesteckt worden, die schließlich zur Entwicklung des heute allgemein anerkannten Intelligenzquotienten geführt haben, mit dem Erfolg, daß man von nun an neben dem Maß für die Form auch ein solches für die geistige Funktionalität zur Hand hatte.

So fremdartig den Menschen dieses »Vermessen-Werden« ursprünglich auch anmutete, so rasch hat er sich daran gewöhnt. Mit dem gleichen Recht wie damals eine geistige Fähigkeit soll ab jetzt auch eine seelische Grundbefindlichkeit selektiv behandelt und bewertet werden können. Dies will sich keineswegs als weitere Demutsbezeugung unserem Zahlenkult gegenüber verstanden wissen, sondern als Hilfsmittel für den einzelnen, durch die Bewußtmachung eines Wesensmerkmales insgesamt viel bewußter zu leben. Daß im Zuge dessen Zahlen herhalten müssen, erleichtert bloß die Vergleichsgrundlage, da man sich ansonsten nicht ohne wortreiche Umschreibungen zurechtfinden könnte. Außerdem vermitteln die Werte allen Menschenkennern und allen Neugierigen der Menschenkunde eine Spontanindikation, die bereits eine gewisse Aussagekraft beinhaltet.

Wünschen ist ein Unterbegriff des Willens und ein Bedürfnis, der seelische Ausdruck, der der Behebung eines Mangels zugrunde liegt. Der Wunsch, den Mangel an Aktivität auszugleichen, läßt sich sicherlich durch die Determinanten

– Auftretenshäufigkeit und – Intensität	des Wunsches, sowie
– Auftretenshäufigkeit und – Intensität	der reizausstrahlenden Situation

am besten beschreiben.

Nun sind diese Faktoren aber nicht zu objektivieren, folglich auch nicht zu normen, was die Notwendigkeit entstehen läßt, sich nach einem Modell umzusehen, welches das zeitlich begrenzte Reizbedürfnis aufgrund von Testantworten erfaßt.

Am ehesten zielführend erscheint dabei ein Zugrundelegen der Einteilung des Kapitels »Wie man seinem Verlangen nach Prickel-Einheiten nachgeben kann« (S. 84) mit der hier unter 1) angeführten Erweiterung:*

1) Kein gezieltes Anstreben von Erregungsquellen – dies tritt dann ein, wenn die Erlebniserwartung durch Eigeninspiration völlig abgedeckt ist, wobei es

* Fragebogen-Ausarbeitung von Körber/Witting. Die Ergebnisse des gegenständlichen Fragebogens (in Hinkunft auch »Test« genannt) sind mit denen eines von der Experimentalpsychologie öfter eingesetzten Risikobereitschafts-Fragebogens verglichen und als aussagekräftig, trennscharf und reproduzierbar erachtet worden.

keine vorrangige Bedeutung hat, ob diese der eigenen psychischen Sphäre entstammen oder der Umwelt; hier herrscht das Motto: Das Leben ist eine unerschöpfliche Fundgrube von Ereignissen.

2) Erregung unter Einsatz von Lebenswerten wird angestrebt in Form von
   a) Selbstherausforderung mittels der Charaktereigenschaften Mut und/oder Ausdauer,
   b) Schicksalsherausforderung im Spiel.
3) Passive Erregung wird gesucht – im Medienkonsum.

Dieser Einteilung entsprechen vier Grundarten der Erregung, die auch in vier Fragekomplexen behandelt werden. Der erste Komplex umfaßt zehn, die übrigen drei je zwölf Einzelfragen, deren Punktebewertung im Anhang (siehe Auswertungsschlüssel Seite 198) angegeben ist. Addiert ergeben die Punkte den persönlichen Index-Wert des betreffenden Gebietes.

Hat man die vier Summen in das anschließend abgebildete Schema eingetragen, so erhält man das optisch aussagekräftige Spannungsprofil, dessen Interpretation am Ende des Kapitels erfolgt. Bitte beachten Sie, daß diese sogenannten Profil-Normen-Raster für Frauen und Männer getrennt angeführt sind, und tragen Sie Ihre Antworten in den entsprechenden Raster ein.

Drei der vier Summen (2a, 2b und 3) ergeben, zusammengezählt, den sogenannten Gesamtspannungs-Index, eine nicht allzu spezifische Kennzahl, die eine ungegliederte Anzeige der Spannungsanfälligkeit bzw. der freien Spannungskapazität vermittelt.

Und wie steht es mit *Ihrem* persönlichen Appetit auf Prickel-Einheiten ...?

Test 1

1. Wann haben Sie sich zum letzten Mal im stillen gefreut?
   A. erst unlängst ☐
   B. schon lange nicht ☐
2. Setzten Sie sich des öfteren mit dem Inhalt Ihrer Träume auseinander?
   A. ja ☐
   B. nein ☐
3. Mögen Sie Ihre Mitmenschen im allgemeinen?
   A. ja ☐
   B. nein ☐
4. Haben Sie ausgeprägte Hobbies?
   A. ja ☐
   B. nein ☐
5. Spüren Sie manchmal die indirekte Wirkung kultureller Eindrücke auf Ihre Denk- und Handlungsweise?
   A. ja ☐
   B. nein ☐
6. Denken Sie über sich nach?
   A. zu oft ☐
   B. beinahe nie ☐
7. Wie bewußt ist Ihnen die rasche Vergänglichkeit einfach abrufbarer Reize?
   A. sehr bewußt ☐
   B. gar nicht bewuß ☐

8. Wie würden Sie sich bei einem längeren Gefängnisaufenthalt verhalten?
   A. verzweifeln und innerlich rebellieren ☐
   B. versuchen, einer Beschäftigung nachzugehen ☐

9. Wie würden Sie sich als Mitglied einer als Geiseln festgehaltenen Menschengruppe verhalten?
   A. passiv ☐
   B. die anderen zu ermuntern versuchen ☐
   C. sich zum Sprecher machen und die Verhandlungen mit den Terroristen führen ☐

10. Was halten Sie vom Krieg?
   A. Vater aller Dinge ☐
   B. ab und zu notwendig ☐

Gesamtpunktzahl nach Auswertung ....

1. Sie sind als Kind den Bauernkindern vom hohen Tennenboden ins Heu nachgesprungen (oder hätten Sie es in der entsprechenden Situation gemacht)?
   A. ja ☐
   B. nein ☐
2. Beim Autofahren
   A. sind Sie stets auf der Überholspur, ☐
   B. bewegen Sie sich gemächlich bis zügig dahin? ☐
3. Würden Sie gern einmal bei einem tollen Einbruchs-Coup mitmachen – und nachher wieder alles zurückgeben?
   A. ja ☐
   B. nein ☐
4. Wann haben Sie zum letzten Mal eine sportliche Dauerleistung vollbracht?
   A. erst unlängst ☐
   B. schon lange Zeit zurückliegend ☐
5. Wie stehen Sie zu den Leistungen großer Sportler?
   A. Sie tangieren Sie nicht ☐
   B. Sie bewundern sie ☐
   C. Sie trachten danach, es ihnen gleichzutun ☐
6. Sie springen aus Jux von einem Fünf-Meter-Sprungturm?
   A. nie ☐
   B. jederzeit ☐
7. Sie würden in einem wilden Gedränge in panische Hysterieausbrüche verfallen?
   A. ja ☐
   B. nein ☐

8. Wenn Sie gräßliche Unfallberichte hören bzw. lesen, denken Sie mit Schrecken daran, daß auch Ihnen dasselbe hätte zustoßen können?
   A. ja ☐
   B. nein ☐

9. Bei einem Streit mit einem sichtlich erregten Kontrahenten schlagen Sie
   A. zuerst zu, ☐
   B. gleich zurück. ☐

10. Würden Sie sich zutrauen, sich an einem Ort in der Wildnis alleine durchzubringen?
   A. ja ☐
   B. nein ☐

11. Nach einem Schiffsunglück würden Sie
   A. in Richtung Ufer schwimmen, ☐
   B. auf Hilfe warten? ☐

12. Welche historische Person wären Sie lieber?
   A. Dschingis-Khan ☐
   B. Immanuel Kant ☐

Gesamtpunktzahl nach Auswertung ....

Test 2B

1. Lieben Sie die Herausforderung?
   A. ja ☐
   B. nein ☐
2. Wann haben Sie zum letzten Mal gewettet?
   A. kann mich nicht mehr erinnern ☐
   B. erst unlängst ☐
3. Ein Leben ohne Spiel ist arm an Unterhaltung und Abenteuer?
   A. ja ☐
   B. nein ☐
4. Verwickeln Sie manchmal sich selbst oder andere Menschen aus einer Laune heraus in dramatische Geschehnisse?
   A. ja ☐
   B. nein ☐
5. Bei Alternativen entscheiden Sie meist rasch? (Wie etwa bei dieser ...)
   A. ja ☐
   B. nein ☐
6. Die wichtigsten Entscheidungen fällt
   A. das Schicksal, ☐
   B. der menschliche Wille. ☐
7. Wenn Sie zu einem Gesellschaftsspiel eingeladen werden, nehmen Sie daran teil
   A. weil Sie anderen eine Freude machen wollen, ☐
   B. weil Sie sich im Moment bewähren möchten, ☐
   C. weil Sie gerade ein wenig Nervenkitzel suchen? ☐

8. Kontrollieren Sie für gewöhnlich die Dauer Ihrer Tätigkeiten?
   A. ja ☐
   B. nein ☐
9. Finden Sie Vernunft und logisches Denken
   A. als die wichtigsten Errungenschaften der Menschheit, ☐
   B. auf längere Dauer unerträglich? ☐
10. Sie können einige Ihrer schwerwiegenden Probleme nicht lösen
    A. weil es keinen Ausweg gibt, ☐
    B. aus Rücksicht auf Mitmenschen. ☐
11. Sehnen Sie sich oft nach Ausgeglichenheit und Harmonie?
    A. ja ☐
    B. nein ☐
12. Sind Sie abergläubisch?
    A. ja ☐
    B. nein ☐

Gesamtpunktzahl nach Auswertung ....

Test 3

1. Materielle Dinge sind für Sie
   - A. sehr wichtig, ☐
   - B. eher unwichtig. ☐
2. Gehen Sie gerne allein spazieren?
   - A. ja ☐
   - B. nein ☐
3. Erinnern Sie sich noch an das meiste, was auf der letzten Party, die Sie besuchten, zu Ihnen gesagt wurde (... auf der vorletzten etwa auch)?
   - A. ja ☐
   - B. nein ☐
4. Warten Sie manchmal ganz gerne auf etwas oder auf jemanden?
   - A. ja ☐
   - B. nein ☐
5. Was wäre ärger für Sie – ein Leben ohne
   - A. Fernsehen, ☐
   - B. Blumen? ☐
6. Stellt der Tod für Sie etwas
   - A. entsetzlich Unangenehmes dar, woran Sie gar nicht denken möchten, ☐ oder
   - B. ein naturbedingtes Ereignis? ☐
7. Ausgeschmückte Geschichten von sexuellen Abenteuern wirken auf Sie
   - A. manchmal recht belustigend, ☐
   - B. abgeschmackt? ☐
8. Mögen Sie Witze-Erzähler?
   - A. ja ☐
   - B. nein ☐

9. Sie trinken sich bisweilen einen an?
   - A. ja ☐
   - B. nein ☐
10. Finden Sie, daß zurückgezogen lebende Menschen ihr Dasein nicht richtig zu genießen verstehen?
   - A. ja ☐
   - B. nein ☐
11. Der Reiz der Neuheit ist für Sie
   - A. von wesentlicher, ☐
   - B. von untergeordneter Bedeutung? ☐
12. Menschen, die sich bewußt langweilen,
   - A. verstehen Sie nicht, ☐
   - B. versetzen Sie in Erstaunen? ☐

Gesamtpunktzahl nach Auswertung ....

Nochmals unser Hinweis:
Die Skalen sind bei zwei der vier Teiltests für Frauen und Männer verschieden ausgelegt. Bitte tragen Sie Ihre Teilsummen in den für Sie zutreffenden Normen-Raster ein.

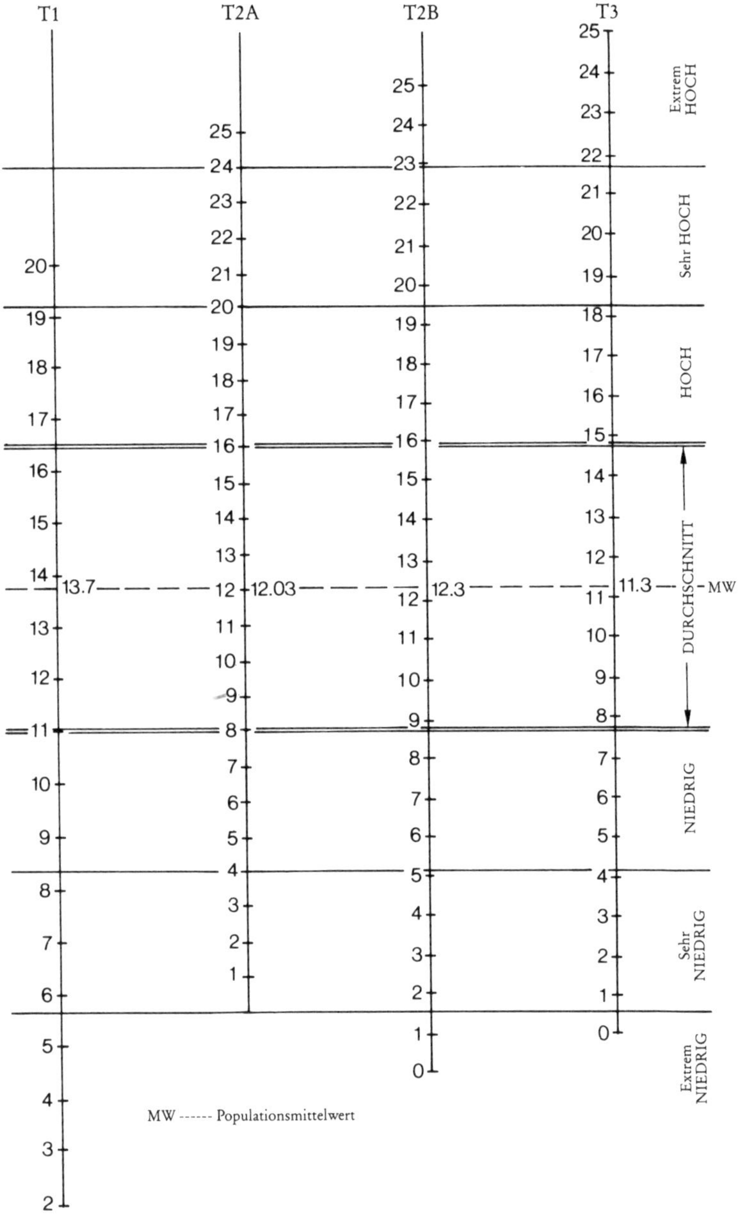
T1
T2A
T2B
T3
Extrem HOCH
Sehr HOCH
HOCH
DURCHSCHNITT
NIEDRIG
Sehr NIEDRIG
Extrem NIEDRIG
13.7
12.03
12.3
11.3
MW
MW ------ Populationsmittelwert

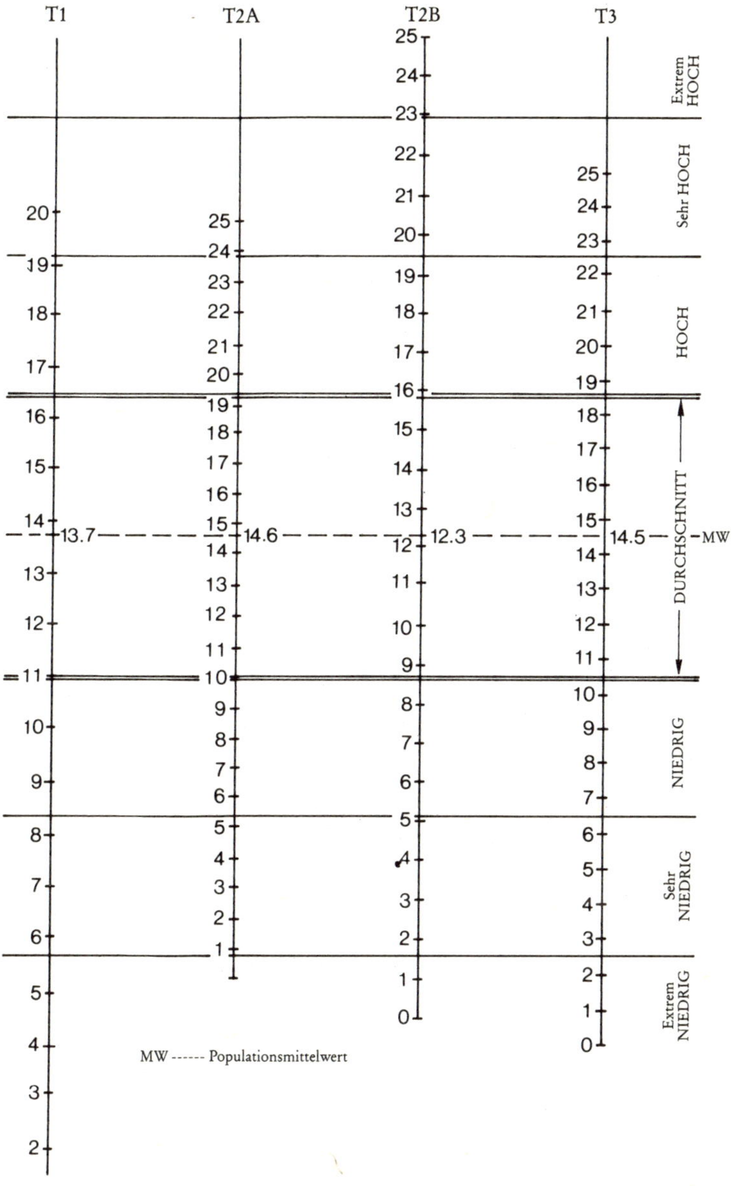
T1
T2A
T2B
T3
Extrem HOCH
Sehr HOCH
HOCH
DURCHSCHNITT
NIEDRIG
Sehr NIEDRIG
Extrem NIEDRIG
13.7
14.6
12.3
14.5
MW
MW ------ Populationsmittelwert

So also sieht *Ihr persönliches Spannungsprofil* aus!

Nun möchten Sie endlich wissen, was für Eigenschaften Ihnen aufgrund dieses Ergebnisses zuzuschreiben sind. Die nachstehende Tabelle führt einige Attribute für vom Durchschnitt abweichende Werte an:

T1	T2A	T2B	T3	
eigenständig	draufgängerisch	entschlußkräftig	berieselungssüchtig	höhere Punktezahl als der Durchschnitt (laut ausgefülltem Normen-Raster)
interessiert	immer das Limit suchend	spekulativ	initiativ	
souverän	waghalsig	fatalistisch	sprunghaft	
initiativ	abenteuerlustig	abergläubisch	nüchtern	
kooperativ	unbezwinglich selbstsicher	unbelehrbar unbefangen	zukunftsorientiert	
		Durchschnitt		
leicht beeinflußbar	wohl überlegt	sachlich	kontemplativ	niedrigere Punktezahl als der Durchschnitt (laut ausgefülltem Normen-Raster)
widerstandslos	friedsam	logisch	versunken	
gleichgültig	diplomatisch	praktisch	sensitiv	
unentschieden	gewissenhaft	zögernd	träumerisch	
teilnahmslos ergeben	behutsam	voreingenommen zurückhaltend	einsam	

Nun ein Wort zu den Abweichungen der Skalen T 2A und T 3 für Frauen und Männer:

Beim direkten Einsatz von Lebenswerten beansprucht der Mann um einiges höhere Stimuli als die Frau, was ihn (noch?) als den Kühneren, den Verwegeneren, den Unerschrockeneren dastehen läßt.

Bei der Passiv-Unterhaltung hingegen ist der Mann leichter »auf Touren« zu bringen. Ihm genügt bereits ein geringerer Medienstimulus bzw. ein nicht so extrem dichter Handlungsfluß, um sein Reizbedürfnis als gesättigt zu empfinden.

Beide Interpretationen sind jedoch rein spekulativ, verdienen es aber sicherlich, einmal genauer untersucht zu werden.

Jetzt wollen wir uns noch einige typische Profile und die damit verbundenen Wesensmerkmale ansehen:

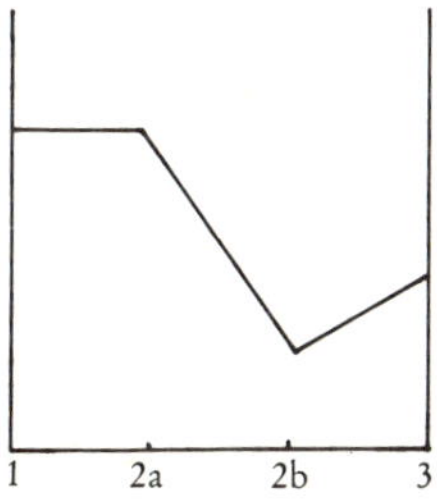

Der Eigeninitiative und Couragierte

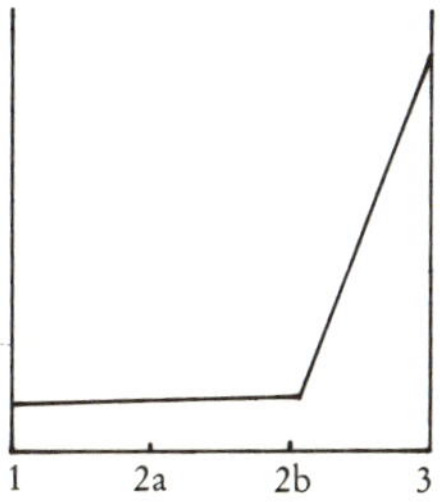

Der Passivunterhalter

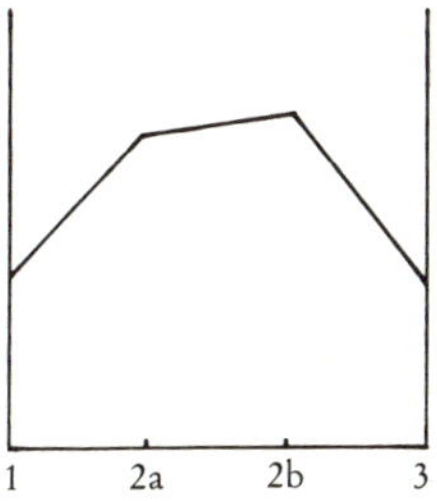

Der ständig mit der Herausforderung Lebende

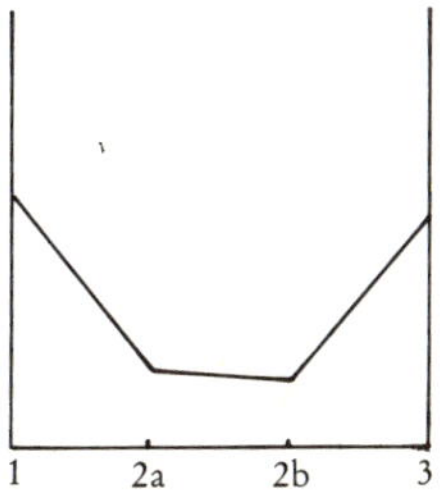

Der motivierte Übervorsichtige

So, nun wissen Sie, wie es um Ihren Reiz-Haushalt in der gegenwärtigen Lebensphase bestellt ist.

Ziehen Sie Ihre Konsequenzen daraus, vergleichen Sie die Resultate mit denen Ihrer Angehörigen und Freunde und ziehen Sie Ihre Schlüsse aus den Vergleichen.

Die aufgeschlüsselte Beurteilung des Reizappetits mag auch als ein willkommener Anlaß zu einer bewußteren Lebensführung aufgefaßt werden.

Wo doch so vieles aus Unbedachtsamkeit und Desinteresse einfach übergangen wird ...

Spannung – Würze oder Wirrnis des Lebens

Unser ganzes Dasein lang bleiben wir Suchende und Wartende, Ziele Verfolgende, Zweifelnde, Fliehende, Fragende, aber auch immer wieder im Glauben Hoffende. Die Instinkte haben uns schon seit langem im Stich gelassen, viele unserer Gefühle verflachen zusehends, und die Allmacht einer glückssteuernden Vernunft wird auch schon seit geraumer Zeit in Frage gestellt.

So hilft uns nichts und niemand wirklich, das existentielle Verlorensein zu überwinden. Vor dreieinhalb Jahrhunderten bereits hat dies Blaise Pascal recht treffend charakterisiert:

»Nichts ist dem Menschen unerträglicher als völlige Untätigkeit, als ohne Leidenschaften, Geschäfte, Zerstreuungen, ohne Aufgaben zu sein. Dann spürt er seine Nichtigkeit, seine Verlassenheit, seine Abhängigkeit, seine Ohnmacht, seine Leere. Jagd, Krieg, Spiel sind bloß Ablenkungen, die verhindern, daß man gezwungen ist, über sich nachzudenken. Man sucht die Suche, jagt nicht der Beute, sondern der Jagd willen. Und das Tadelnswerte ist die Vorspiegelung, daß der Besitz der Dinge wirklich glücklich machen könne. Man sucht die Ruhe über die Unruhe und denkt an Sorgen, die man hat, und an solche, die einem drohen könnten. So verrinnt das Leben, und das Ende kann bloß eine riesige Leere sein.«

Die Pascalschen Erkenntnisse stammen aus einer ebenfalls sehr dynamischen Zeit – auslaufender bzw. beendeter Dreißigjähriger Krieg, supermächtige Kolonialstaaten, große Fortschritte auf den verschiedenen Gebieten der Naturwissenschaften –, so daß sie alleine deshalb heute so besondere Gültigkeit haben.

Überaus deutlich und klar wird darin der zutiefst menschliche Selbstbetrug dargelegt, der aus einer völligen Orientierungslosigkeit herrührt.

Es ist ja dem Menschen immer dann seine ureigene Existenz zur Problematik geworden, wenn nach länger währenden Kriegshandlungen die ersten Aufbauphasen vorüber waren und die Welt nach neuen Leitbildern verlangte. Im Zuge der Festlegung von ethischen Maßstäben galt es immer wieder von neuem, einen Rahmen für grundlegende Seinsfragen zu finden, was noch jedesmal in der Geschichte tiefe Bestürzung und Ratlosigkeit hervorgerufen hat. Erst im Anschluß daran – in der Ausrichtung des Willens auf diverse Ziele, in der Verfolgung von Erstrebenswertem und der damit verbundenen Eigenverantwortlichkeit – trat das Individuum aus sich heraus und fing allmählich an, sich als Folge dieser Ich/Ziel-Polarisation zu begreifen. Erst im Zuge der Formierung eines konstruktiven Zeitgeistes ist es auch dem einzelnen gelungen, seine eigene Linie zu finden.

Die Planer der Zukunft sind fast ausnahmslos Leute, die – wie Teilhard de Chardin es ausdrückt – den Auftrag annehmen, ein Voranschreiten des Universums zu bewirken, die sich aufgrund ihrer latenten inneren Unruhe stets von neuem in Aufbruchsstimmungen zu versetzen und diese auch zu nutzen verstehen.

Für sie ist die Eigeninspiration mit Sicherheit das Salz und sämtliche übrigen Gewürze des Lebens.

Genauso wie für all jene, bei denen Gewissen und ethisches Empfinden die Lust an intensiven Affekten und das Wechselspiel Hoffnung/Furcht je nach Geschmack und Stimmung zu dosieren verstehen. Für jene also, die dem so oft zur Ohnmacht verdammenden Zeitfluß zu entrinnen und ihre Gipfelerlebnisse gezielt anzusteuern gelernt haben – dank einer gewissen Selbstdisziplin und einer fast ans Kindliche grenzenden Gabe der Vorfreude.

Nun ist nicht ein jeder mit solch einer beneidenswerten Einstellung gesegnet. Alle übrigen werden – weil sie keine verfolgenswerten Ziele finden – ihre Problem- und Lustbeschaffung nach der ihrer Mitmenschen ausrichten. Daraus resultieren dann Pseudo- und Quasibedürfnisse und schließlich komplette Lebenslügen mit allen nach außen hin zur Schau getragenen Zufriedenheits- bzw. Unzufriedenheitsgesten. Man führt ein Leben – und man lebt es nicht, man verdrängt, so gut es geht, den Mangel an Überzeugung und Begeisterungsfähigkeit.

Wem dieses Manko zu oft ins Bewußtsein steigt, der flüchtet sich, so er ein Mensch mit höheren Anliegen ist, in Traumwelten; die große Zahl derer, bei denen dies nicht der Fall ist, drängt eine Grundbefindlichkeit stets über die Gegenwart hinaus. Ihre Illusion besteht darin, daß sie in der herbeigeführten Erlebnisdichte eine scheinbare Lebensverlängerung sehen. Ein verwirrtes Dasein – noch dazu mit den falschen Gewürzen versehen ...

Überwiegt beim Suchenden und Zweifelnden das Moment der Flucht gegenüber der Verfolgung nutzbringender Betätigungen und durchbricht er die sozialen Spielregeln gezielt, so verursacht er damit vorerst Konflikte und in weiterer Folge meist auch Schaden.

Nun sind wir in das Gebiet der Auswüchse des Reizhungers gelangt. Beginnend mit einer verhältnismäßig harmlosen, aber weit verbreiteten Sensationsgier über pure Aggressionslust bis hin zu den Süchten und Verbrechen haben wir hier eine Reihe von tückischen Krankheiten fast einer jeden heute lebenden Gesellschaft vorliegen. Krankheiten, die viele nur allzu gerne übersehen möchten, über die man auch gar nicht allzu gerne spricht, die aber vielleicht nicht einmal so folgenschwer wären, nähmen die Betroffenen die Chance wahr, den vormals so verhängnisvollen Weg von der Sucht nach superintensiven Reizkonstellationen rückwärts gehend zur maßvollen Gewohnheit und schlußendlich zum kontrollierten Bedürfnis zu beschreiten. Aber da versagt bei vielen der Wille, sie lassen sich lieber treiben und weiden sich an der eigenen Unzulänglichkeit. Das Ende sieht dann üblicherweise so aus, daß sie ihr Leben oder aber das Leben anderer riskieren und noch dazu mit der Umwelt hadern, der sie sich ja als Problemfälle förmlich aufgezwungen haben!

Die Mehrzahl dieser bedenkenlos um sich schlagenden und auch teilweise darunter leidenden Hochfrequenz-Typen ist unter folgenden Gruppen zu finden:
- die Kriegsschürer und die Drahtzieher im Untergrund,
- die Kriminellen aus Passion,
- die Drogensüchtigen,
- die unkontrollierten Spieler,
- die unzähligen Voyeure bei den für sie veranstalteten »Zirkusspielen mit offener Gewaltanwendung«.

Ihnen allen sind konventionelle Erlebnisse auf die Dauer zu banal, und um aus dem ewigen Zyklus Monotonie/Betäubung mit sanktionierten Mitteln herauszukommen, motivieren sie sich zu eben diesen außerordentlichen Reizbewältigungen. Mögen sie von Zeit zu

Zeit dagegen erfolglos ankämpfen oder sich an ihren Rollen jenseits der gutgeheißenen Beschäftigungsnormen delektieren, das Bewußtsein um eventuelle Folgen wird sich in einem schwebenden Gefühl ständigen Unbehagens niederschlagen.

Somit sind Menschen mit einem hohen Reizbedürfnis gut beraten, wenn sie die Belastungskomponente ihrer gemeinschaftsdienlichen oder auch nur der neutralen Tätigkeiten hoch genug ansetzen, weil sie damit das Risiko einer Persönlichkeitsgefährdung so gering wie möglich halten.

Solche mit geringem Verlangen nach Spannungssituationen unterliegen Versuchungen in dieser Richtung erst gar nicht, da sie diese von vornherein nicht anzunehmen gewillt sind. Ihnen bietet das Leben mehr Freude und weniger Lust, sie finden sich in der Regel in ihrem Rahmen zurecht und auch mit den Mitmenschen ein ganz passables Auskommen.

Dies leitet zur abschließenden Betrachtung des Individuums als Teil »seines« spezifischen Sozialverbandes über.

Wie bereits festgestellt wurde, ergibt sich in routinemäßig funktionierenden gesellschaftlichen Systemen ein über weite Strecken abgeschliffener und monotoner Lebensrhythmus.

In der Masse scheint die Reizarmut nur dann leichter zu ertragen zu sein, wenn man die reine Bewältigung des Da-Seins als letzten Lebenszweck ansieht. Bei höherer Zielsetzung ist der ausschlaggebende Faktor für ein subjektives Wohlbefinden das Maß an Autonomie, das man sich zuerkennt und das auch von den anderen anerkannt wird.

Selbständige und freiheitsliebende Wesen stimmen ihre Einfluß- und Aktionssphäre in dem betreffenden Sozialverband so weit auf ihre Eigenständigkeit ab, daß den Mitmenschen, wie in einem Schauspiel, nur mehr oder weniger bedeutende Rollen zufallen. Sensible und umweltverwurzelte Zeitgenossen leiden leicht in und an der Gesellschaft. Sie fühlen die Oberflächlichkeit, die Gleichgültigkeit und den Egoismus immer wieder von neuem als Stachel in ihrer Seele – und noch depressiver macht sie dabei, daß sie dagegen nicht ankämpfen können.

Zwischen den allzu schnell Zufriedenen, den extremen Egoisten und den ständig Betroffenen sind aber wir alle angesiedelt, alle haben wir uns in die eine oder andere Richtung stärker profiliert, und doch staunen wir über die Auswüchse bei anderen, ohne daß wir uns im klaren darüber sind, daß auch wir selber bei der Abstimmung unserer Erlebnissphäre auf unser menschliches Umfeld sehr oft den bequemeren oder den spektakuläreren Weg wählen und nicht den, der der eigenen Persönlichkeit und damit auch dem Sozialverband am meisten dienlich ist. So sei jedem, der, frei nach Sokrates, kein ungeprüftes Leben führen möchte, nahegelegt, er solle seinen Geist möglichst vielen verschiedenen Herausforderungen öffnen, mittels derer er der Umwelt und vor allem sich selbst beweisen kann, welch fruchtbare Wirkung ein vielseitiges Nutzen der Energiereserven und das Bewußtsein um die Flexibilität des eigenen Organismus auf das gesamte Lebensgefühl ausüben.

Wir sterben nämlich heute (noch) nicht am Alter, sondern an Krankheiten, die sich durch eine naturwidrige Lebensweise im Alter ausbilden. Zu einem Großteil ist diese Art »falsch zu leben« auf den unzweckmäßigen Einsatz und Gebrauch der verfügbaren Kräfte zurückzuführen.

Spätere Generationen werden ihren Reizhunger wahrscheinlich mittels »gesunder und biologischer Erlebnisnahrung« stillen, ein Appetit auf die Unberechenbarkeiten des Lebens, ein Hang zur Dramatik wird dem »Abenteurer Mensch« aber stets erhalten bleiben. Gott sei Dank!

Denn ansonsten müßten wir Alexander Solschenizyns provokante Frage an die Zivilisation »Wenn wir immer nur vorsichtig sind, sind wir dann noch Menschen?« mit einem »Nein – bloß wandelnde Versicherungspolicen« beantworten.

Jede Sprungfeder wird so oft bis zum Knirschen zusammengedrückt und bis an die Grenzen gedehnt, doch einmal geht sie für immer den Weg alles Irdischen.

Solange sie noch intakt ist und ihre Funktion erfüllt, so lange sollte man sie in Schuß halten, indem man diese ihre Funktion auch optimal nutzt.

Auswertungsschlüssel zum Fragebogen

Aufgaben-Nr.	Antwortbewertung	
Test T1		
1	A = 2/B = 0	
2	A = 2/B = 0	
3	A = 2/B = 0	
4	A = 2/B = 0	
5	A = 2/B = 0	
6	A = 2/B = 0	
7	A = 2/B = 0	
8	A = 0/B = 2	
9	A = 0/B = 1/C = 2	Maximum 20
10	A = 0/B = 2	Minimum 0
Test T2A		
1	A = 2/B = 0	
2	A = 2/B = 0	
3	A = 2/B = 0	
4	A = 2/B = 0	
5	A = 0/B = 1/C = 2	
6	A = 0/B = 2	
7	A = 0/B = 2	
8	A = 0/B = 2	
9	A = 2/B = 1	
10	A = 2/B = 0	
11	A = 3/B = 0	Maximum 25
12	A = 2/B = 0	Minimum 1

Test T2B

1	A = 2/B = 0	
2	A = 0/B = 2	
3	A = 2/B = 0	
4	A = 2/B = 0	
5	A = 2/B = 0	
6	A = 2/B = 0	
7	A = 0/B = 1/C = 2	
8	A = 0/B = 3	
9	A = 0/B = 2	
10	A = 2/B = 0	
11	A = 0/B = 2	Maximum 25
12	A = 2/B = 0	Minimum 0

Test T3

1	A = 2/B = 0	
2	A = 0/B = 2	
3	A = 0/B = 3	
4	A = 0/B = 2	
5	A = 2/B = 0	
6	A = 2/B = 0	
7	A = 2/B = 0	
8	A = 2/B = 0	
9	A = 2/B = 0	
10	A = 2/B = 0	
11	A = 2/B = 0	Maximum 25
12	A = 2/B = 0	Minimum 0

Harald Braem

Brain floating

Neue Methoden der Problemlösung und Ideenfindung

Wirtschaftsverlag Langen-Müller/Herbig